Gary John Bishop

WISE UP YOUR LIFE

Simple Antworten für die großen und kleinen Krisen des Lebens

mvgverlag

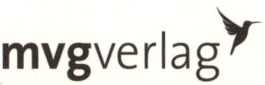

Bibliografische Information der Deutschen Nationalbibliothek
Die Deutsche Nationalbibliothek verzeichnet diese Publikation in der Deutschen
Nationalbibliografie. Detaillierte bibliografische Daten sind im Internet über
http://dnb.d-nb.de abrufbar.

Für Fragen und Anregungen
info@mvg-verlag.de

1. Auflage 2021
© 2021 by mvg Verlag, ein Imprint der Münchner Verlagsgruppe GmbH
Türkenstraße 89
D-80799 München
Tel.: 089 651285-0
Fax: 089 652096

© 2020 by Gary John Bishop. All rights reserved.
Published by arrangement with HarperOne, an imprint of HarperCollins Publishers,
LLC. Die amerikanische Originalausgabe erschien 2020 bei HarperOne, einem Imprint
von HarperCollins Publishers, LLC unter dem Titel *Wise as Fu*k: Simple Truths to Guide
You Through the Sh*tstorms of Life*.

Übersetzung: Katja Theiß
Redaktion: Silke Panten
Umschlaggestaltung: Karina Braun
Umschlagabbildung: Shutterstock.com/Amovitania
Satz: Carsten Klein, Torgau
Druck: CPI books GmbH, Leck
Printed in Germany

ISBN Print 978-3-7474-0292-4
ISBN E-Book (PDF) 978-3-86415-699-1
ISBN E-Book (EPUB, Mobi) 978-3-86415-698

Weitere Informationen zum Verlag finden Sie unter

www.mvg-verlag.de

Beachten Sie auch unsere weiteren Verlage unter www.m-vg.de

*Ich widme dieses Buch all jenen,
die mehr aus ihrem Leben machen wollen.
Egal, wo du bist oder was du gerade tust:
Es gibt immer einen Weg.*

Inhalt

1

Was tun, was tun 7

Weisheit definieren. 12

Weshalb wir hier sind 19

Zitier mich bloß nicht 22

Wise as F*ck – Ein scheißweises Leben 26

2

Schlechte Weisheit. 29

Die Kunst des Denkens 35

Säulen des Lebens 39

3

Liebe. 47

Liebe in der realen Welt 51

Liebe als Wahl 52

Für die Liebe eines Menschen 57

Sei Liebe. 63

4

Die Weisheit von Liebe 67

5

Verlust 85

Trauern und Wachsen. 90

Wähle, was dich stärker macht. 95

6
Die Weisheit von Verlust 99

7
Angst 113

8
Die Weisheit von Angst 123

9
Erfolg 137

10
Die Weisheit von Erfolg 147

11
Wise as F*ck – Ein scheißweises Leben 169
Es geht nicht um dich – das ging es noch nie 176
Der Stamm 181

12
Faktor X 189
Ein Leben, das größer ist als du selbst 197
It's Showtime 202

Über den Autor 207

1

Was tun, was tun ...

Weisheit hilft dir dabei, alles auf die Reihe zu kriegen. Sie liefert dir eine frische Perspektive und bahnt dir einen klaren Weg durch den Morast des Lebens.

Wie auch immer dein ganz persönliches Elend aussieht, zumindest eins ist klar: Niemand hat dir bisher gezeigt, wie du damit umgehen kannst.

Wo findest du die Klarheit oder den Seelenfrieden oder auch nur ein verdammtes Fünkchen Ahnung davon, was du tun kannst, wenn das Leben sich wie aus dem Nichts angeschlichen und dir unvermittelt eins übergebraten hat und du jetzt wie eingefroren dastehst?

Wie sollst du Ordnung in das Chaos bringen oder die Angst mildern oder die Möglichkeiten deines Lebens aus ihrem Tiefschlaf erwecken, während du gleichzeitig mit dem tagtäglichen Druck deiner Arbeit, deiner Beziehungen, deiner Familie, deines Körpers, deiner Vergangenheit, deiner Zukunft und was auch immer – hm, vielleicht mit so einer Art globaler Viruspandemie oder Ähnlichem – zu kämpfen hast?

In Wahrheit sind wir schlecht für die Hürden und Abstürze gerüstet, die jedem von uns begegnen.

Es ist ja nicht so, dass wir durchs Chaos stolpern *wollen*! Niemand möchte im immer gleichen Kreislauf einer toxischen Beziehung oder einer erdrückenden Karriere feststecken oder durch die schmerzhaften Erinnerungen an die Liebe oder an Versagen oder Angst runtergezogen werden. Wir wollen nur unser Leben nach vorne bringen; wir wollen wissen, wie wir unser Leben ohne Irrungen und Wirrungen und Komplikationen leben können. Kurz, wir möchten Hilfe dabei, das Leben besser zu gestalten; wir wissen nur nicht, wo wir diese Hilfe finden – oder wie wir die richtige Entscheidung treffen.

Es wäre so wunderbar einfach, schlicht Alexa zu bitten, den nächsten genialen Schachzug zu planen, sobald unser Leben falsch läuft. Dann könnten wir ganz geschmeidig in die Zukunft trippeln – und dabei unsagbar klug auf Abruf Produkte von Amazon für alles nutzen, was danach noch folgt. Playlist? Abgehakt. Wecker? Abgehakt. Bedeutung dieses Fremdworts? Abgehakt. Mein seit Jahren schwelender Groll? Meine diversen Prokrastinationen, die mich bis in meine Träume verfolgen? Das flotte und spontane Treffen lebensverändernder Entscheidungen? … Verdammt, Alexa, du musst doch auf meiner Seite sein!

Aber hey, vielleicht liegt alles nur an der Ernährung? Dann könnte ich dich vielleicht dafür begeistern, morgens auf deinen Avocado-Toast großzügig ein paar leckere alte beruhigende Weisheiten zu streuen, die dir dabei helfen, den Tag zu überstehen?

Na ja … nein, das ist es auch nicht. Am wenigsten weise sind wir offenbar, wenn wir geprüft werden. Die Vorratskammer der Weisheit ist leider meistens dann leer gefegt, wenn dich nach dem allwissenden Nährstoff hungert, der dir dabei hilft, die lebensfeindliche Situation kraftvoll anzugehen, die gerade an deinem Magen nagt.

Anscheinend sollst du dir alles mit der Zeit ganz nebenbei erschließen, in der vergeblichen Hoffnung, dass du eines Tages über eine Art nützliche Lebenskompetenz verfügst, um deine Probleme in den Griff zu bekommen und für das Kommende gewappnet zu sein. In der Zwischenzeit gilt: Hey, kämpf mal ordentlich weiter und leide gefälligst still – wir wollen schließlich positiv sein.

Und trotzdem kennen wir alle diese Tage.

Na ja, manchmal sind's Wochen.

Oder Monate.

In manchen Fällen geht das schon so lange, dass wir fast nichts anderes mehr sehen. Die Scheißstürme des Lebens können so hartnäckig anhalten, dass das Leben aus nichts anderem mehr besteht. Der Himmel ist grau und so ist es einfach. Pack halt den Schirm ein.

Also machen wir einfach weiter. Und sind doch nicht weiser.

»Überhaupt nicht weiser? Aber die Lebenserfahrung *hat* mich doch weiser gemacht!«

Nicht ganz. Wenn du darüber nachdenkst, dann ist »Das werde ich nicht noch mal tun« keine echte Weisheit, oder? Die Erkenntnis ist nichts weiter als eine Art und Weise, dein Leben zu führen. Mein Fünfjähriger hat das schon drauf und er ist … na ja, er ist fünf.

Außerdem ist das eine Erkenntnis, die nicht für alles gilt. Es ist gut, wenn du nie wieder deine Hand auf eine heiße Herdplatte legst; aber wenn du dich nie wieder der Liebe oder Chancen oder Risiken aussetzt, kann das verheerende Folgen haben. Du sperrst dich durch dein eigenes Tun ein, bist gefangen. Eine abgestumpfte, gelangweilte/verängstigte Version deines verrückten Selbst. Das ist doch nicht wirklich weise, oder?

Um es auf den Punkt zu bringen: Du wählst, wie die meisten Menschen, den komplett falschen Ansatz, um zuerst Weisheit zu erwerben und damit anschließend die ganzen Feinheiten deines Lebens verändern zu wollen. Du hältst nach etwas Ausschau, das du an dein Leben drankleistern kannst, eine Einsicht oder Anleitung oder eine Einheitsstrategie, die du nur anwenden musst, damit der Scheiß, den du gerade erlebst, magisch verschwindet.

Um das hier direkt klarzustellen:

So funktioniert Weisheit nicht.

Weisheit definieren

Ich definiere Weisheit als einen persönlichen Satz von Wahrheiten, eine Sammlung von Perspektiven, die zur Grundlage deines Denkens werden und auf die du in den Windungen und Wendungen deines Lebens immer wieder zurückkommst, um dich leiten zu lassen. Diese Wahrheiten geben dir nicht nur Klarheit, wenn du Entscheidungen treffen musst, an Wegkreuzungen kommst und herauszufinden versuchst, welchen Weg du einschlagen solltest, sondern sie lassen auch deine nächsten Schritte so offensichtlich erscheinen wie den nächsten Atemzug.

Warum brauchst du Weisheit in deinem Leben? Na ja, dass du dir diese Frage stellst und noch dazu ein Buch mit dem Titel *Wise up your life* gekauft hast, sollte schon mal ein erster Hinweis sein!

Aber mal im Ernst, auf Weisheit verlassen wir uns alle von Zeit zu Zeit, sie ist dieses allwissende Kleinod im Leben, das du dir entweder durch gelebte Erfahrungen oder durch ein Buch oder ein Gespräch angeeignet hast.

Hier ein einfaches Beispiel zu der Art Weisheit, die ich meine, und wie sie funktioniert. Du kennst sicher das Sprichwort »Jeder ist seines eigenen Glückes Schmied«.

Lass die Worte für eine Minute wirken. Lass sie wirken und sich setzen, denk darüber nach und vergleiche dein eigenes Leben mit der Aussage und wie du gerade lebst. Was siehst du da? Wenn du diese Weisheit auf die Art und Weise anwendest, wie du lebst, gibt es an irgendeiner Stelle sicher etwas zum Nachdenken oder Wiederbedenken.

Diese sechs schlichten Worte wiegen schwer und sie rücken dich unweigerlich ins Rampenlicht, stimmt's? Wenn du sie dir genau anschaust, dann wird es schwierig, sich aus der Verantwortung für dein Leben und dafür, wie es sich entwickelt, zu winden. Sie beinhalten ein Lebenskonzept, in dem du deinen Krempel selbst angehst und auf die Reihe kriegst und die

Dinge nicht länger hinnimmst und aufschiebst. Sie verwurzeln dich in einer Wahrheit – wenn du bereit bist, sie als deine eigene anzunehmen, versteht sich. Dieses einfache Sprichwort lässt weder Schuldzuweisungen oder Klatsch und Tratsch zu noch dass du dich selbst oder andere zu Opfern machst. Denke an dieses Sprichwort, wenn du in eine Situation gerätst, in der du andere für das verantwortlich machen willst, was bei dir schiefläuft. Trau dich, dir in einem solchen Moment das Sprichwort ins Gedächtnis zu rufen. Dann wird Folgendes passieren: Es wird dir verraten, was du zu tun hast.

Und genau so funktioniert Weisheit. Es ist ein Prozess, in dem man erst etwas versteht, dann annimmt und es dann im echten Leben anwendet. Behalte diesen wichtigen Prozess im Hinterkopf, während wir weiter gemeinsam durch die Seiten gleiten. Du bist deines eigenen Glückes Schmied; du bist dein eigener Held, deine eigene Heldin – oder du kannst dich selbst zu jemandem machen, der permanent gerettet werden muss. Wahre Weisheit setzt diesen Tagen ein Ende. Mit wahrer Weisheit übernimmst du selbst die Verantwortung für dein Leben, für deine Zukunft. Du erschaffst das Leben, das du möchtest. Niemand kann dir das wegnehmen. Und? Bringt dir das nicht einen richtigen Kraftschub?

Wenn also Weisheit aus einem Satz innerer Leitwahrheiten besteht, wie lege ich dann fest, *welche* dieser Wahrheiten für mich gelten?

Nehmen wir uns zuerst einmal den Denkprozess vor. Hast du schon einmal über etwas richtig »gegrübelt«? Hast du schon mal an eine Sache mehr als nur einen flüchtigen Gedanken oder eine kurze Überlegung verschwendet? Hast du schon einmal mit einer Idee oder einer Frage lang genug zugebracht, dass sie sich für dich neu erschlossen hat, sodass du *dir selbst* etwas beigebracht hast? Dass du deinen persönlichen Aha-Moment hattest? Eine echte Entdeckung?

Das stellt den Anfang dar, dort, wo die Weisheit dieses Buches in deinem Leben Wurzeln schlägt. Durch deine eigenen Nachfragen inspiriert und belebt diese Art von Innensicht und Rückblick eine ansonsten träge und stumpfe Existenz: Sie erfrischt und erleuchtet. Was besonders klasse daran ist: Wahre Weisheit kann nicht wieder rückgängig gemacht werden, denn wenn du etwas für dich selbst entdeckst, etwas Gewaltiges, Durchdringendes, kannst du es nicht wieder unentdeckt machen. Und es hört nicht mit der Entdeckung auf. Du nimmst diese Entdeckung mit, indem du sie bewusst annimmst, sie dann direkt in dein Leben pflanzt und davon lebst. Das unterscheidet Weisheit fundamental von Wissen. So ziemlich jeder kann etwas lesen, ja vielleicht sogar auswendig lernen, aber nicht jeder lernt daraus und lebt das, was er gelernt hat.

Es erfordert schon Arbeit, tief nachzudenken und die Wahrheiten im Zentrum deines Lebens zu erkennen. Einfacher, so scheint es zumindest, wäre es, nach einer bestimmten Strategie Ausschau zu halten, einer Art Anleitung. Das Problem daran ist, dass es so nicht funktioniert und du damit nur an der Oberfläche deines Lebens kratzt. Wir wollen unmittelbar Antworten, sofort. Wir wollen nicht tiefer tauchen müssen, um den Dingen auf den Grund zu gehen. Es ist mühsam, an einen Ort unendlicher Weisheit vorzustoßen, die dich mit mehr ausstatten könnte als mit simplen, schnell verpuffenden Lösungen für nervige, vorübergehende Probleme. Deshalb fallen Strategien wie »In fünf Schritten zum Erfolg« irgendwann in sich zusammen, da du nie bis zu ihrer Quelle vordringst. Wie gesagt: Jeder will einfache Antworten; jeder will erklärt bekommen, wie man erfolgreich ist oder Diäten durchhält oder liebt. Auf einer gewissen Ebene will niemand über die eigene Verwirrung oder Apathie oder Geschichte nachdenken, die er sich selbst geschaffen hat.

Die meisten Menschen glauben außerdem, dass sie unbedingt etwas Brandneues hören oder lesen müssen, um sich dauerhaft persönlich zu verändern. Das stimmt nicht. Am Ende kommt es allein auf dich an und ob du dich entweder mit dem auseinandersetzt, was etwas Bedeutendes verändern kann, oder ob du die Dinge nur unreflektiert inhalierst, um dich vorübergehend freizustrampeln.

Häufig setzen wir einen »weisen« Menschen mit jemandem gleich, der »eine ganze Menge Zeugs weiß« oder der eine bewundernswerte Charaktereigenschaft wie etwa Geduld oder Mitgefühl besitzt. Doch nur weil jemand scheinbar das komplette Wörterbuch auswendig gelernt hat, heißt das noch lange nicht, dass er weise ist, oder? Wird ihm das Wissen um die Bedeutung von »kataklysmisch« dabei helfen, wenn sein Leben aus dem Ruder läuft und er wieder in die Spur gelangen muss? Nicht wirklich.

Mit der Zeit vergessen wir Fakten und Daten. Die Dinge verlieren sich im Nebel unserer komplexen Leben und vagen Er innerungen. Und die Dinge, an die du dich erinnerst, sind oftmals nicht von Belang. Du weißt sie, etwa das Ergebnis des Fußballspiels letztes Wochenende oder das Plätzchenrezept deiner Großmutter. Es ist schön, dass du diese Dinge weißt, aber sie bringen gar nichts im Kampf um den eigenen Seelenfrieden oder im Kampf um Klarheit und Macht.

Einige der sachkundigsten Menschen, die mir je begegnet sind, würde ich kaum als weise bezeichnen.

Und umgekehrt gilt das natürlich genauso.

Auf jeden Fall verändert all das Wissen dieser Erde niemals die Maschine, solange die Maschine sich nicht selbst untersucht. Und wenn ich von Maschine spreche, dann meine ich natürlich dich.

In meinem Buch über Weisheit rede ich über die Art von Lernen, die *dich* ernsthaft verändert. Die dich weiser macht. Dir Möglichkeiten des Wachstums eröffnet. Denn es ist tatsächlich so, dass die Dinge, die ich selbst entdeckt habe, mich verändert haben. Für immer. Es gab kein Zurück. Wenn du begreifst, dass du verantwortlich bist und immer warst, dann kommt es dir gar nicht in den Sinn, jemand anderem die Schuld zu geben. Und nach einiger Zeit entwickelst du ein gutes Gespür dafür, wenn du wieder einmal anderen die Verantwortung in die Schuhe schieben willst. Du riechst deinen eigenen Scheiß quasi schon auf die Entfernung.

Ich lebe mein Leben ganz und gar nach den in diesem Buch dargelegten Prinzipien. Es sind die Richtlinien, die ich in meinem Leben anwende, und ich biege sie mir nie so zurecht, wie ich sie brauche. Sie stehen robust da und sind nicht verhandelbar, und sie haben mich nie im Stich gelassen. Bin ich deshalb perfekt? Schwebe ich quasi magisch auf einem dünnen Bett aus existenziellem Zauberkleber und bin ständig in Kontakt mit echter Größe und allen wunderbaren Dingen in diesem Leben? NEIN! Ich bin ein menschliches Wesen. Genau wie du werde ich herausgefordert und aufgehalten und verärgert und bleibe in einem Sumpf aus Bullshit und meiner eigenen Verwirrung stecken, aber weißt du was? Mein verdammtes Leben FUNKTIONIERT!! Jeden Tag meines Lebens habe ich simple Antworten parat, und es gibt keinen Grund, warum du sie nicht auch haben solltest.

Jemand hat mir einmal gesagt: »Wenn du erfolgreich sein willst, dann tu, was erfolgreiche Menschen tun.« Dieser Gedanke gilt für absolut alles, und er passt zu beiden Seiten der Medaille: Wenn es dir gerade nicht so gut geht, dann tust du wahrscheinlich, was Menschen tun, denen es nicht gut geht. Wenn du aber reich sein willst, dann tust du das, was reiche Menschen tun. Wenn du fit sein willst, das, was fitte Menschen tun, und wenn du weise sein willst und ein Leben haben möchtest, das funktioniert … nun ja, du weißt, worauf ich hinauswill!

Du und ich, wir krempeln hier dein verdammtes Leben um. Du bringst Zeit mit und die größtmögliche Konzentration, die dein eifriger Kopf aufbringen kann, und dann lassen wir die Funken sprühen.

Weshalb wir hier sind

Bevor wir so richtig eintauchen, lass uns zuerst einmal herausfinden, von welchen Wahrheiten du dich leiten lässt. Dabei ist es besonders wichtig, gute Weisheit von schlechter Weisheit zu unterscheiden. Damit beschäftigen wir uns in diesem Abschnitt des Buches. Und das ist schwieriger, als du es dir vielleicht vorstellst. Sobald wir jedoch die gute wie die schlechte Weisheit ans Licht gebracht haben, sind wir bereit dafür, uns den Säulen des Lebens zu widmen. Du weißt schon, was damit gemeint ist: grundlegende Dinge wie Liebe oder aber das Fehlen davon; Dinge, die deine besten Pläne über den Haufen zu werfen scheinen und dich auf dem Trockenen sitzen lassen. Ich gebe dir ein paar echte und dauerhafte Weisheiten an die Hand, damit du mit diesen grundlegenden Dingen von nun an besser umgehen kannst. Wir werden im nächsten Kapitel noch ausführlicher darüber reden.

Ein paar Worte der Weisheit, bevor wir loslegen …

Zuallererst: LASS DIR ZEIT. Wenn du schlampig oder unaufmerksam und fahrig liest, kann hier jede Menge unbemerkt untergehen. Hetze nicht durch die Seiten, sonst entgeht dir der Sinn des Ganzen. Leg eine Pause ein, atme, brich die Worte für dich selbst herunter. Wenn du etwas nicht verstanden hast, nimm dir Zeit, innezuhalten und wirklich nachzudenken. Geh erst zum nächsten Abschnitt über, wenn du alles Vorherige verstanden hast. Der erste Schritt zu mehr Weisheit ist, einen weisen Ansatz zu wählen. Die Art von Weisheit, die du für den Rest deines Lebens nutzen willst, kannst du dir nicht mal schnell zusammenmixen wie deinen Lieblingscocktail. Mach langsam, lass die Gedanken sacken und die Worte dein Leben durchdringen.

Du musst zuerst komplett in die Wahrheit eintauchen und dich dann mit deinem gesamten Leben beschäftigen. Ja, du hast richtig gelesen, du musst dich mit deinem gesamten Leben beschäftigen und nicht nur mit den Teilen, die gerade ein bisschen im Arsch sind.

Bei diesem Prozess betrachtest du die von dir entdeckte Weisheit immer wieder neu und stellst dir anschließend die Fragen: »Welche Teile meines Lebens passen angesichts dieser Wahrheit nicht mehr zueinander? Was muss ich tun, damit alles wieder eine Einheit ergibt?« Dir diese Fragen zu beantworten, könnte zunächst eine Reihe von Problemen aufwerfen. Und wenn ich »Probleme« schreibe, meine ich echte Erkenntnisse, etwas in bestimmten Bereichen deines Lebens zu tun, die du bisher ignoriert, vernachlässigt oder geleugnet hast.

Während du dein Leben mit den Worten in diesem Buch vergleichst, kann es sein, dass du von deinen Gefühlen förmlich erschlagen wirst. Mach dir jedoch bewusst, dass du dich eben nicht von deinen Emotionen, von Gedanken oder von Umständen leiten lassen willst. Um ein erfülltes Leben zu führen, brauchst du etwas, das nicht deinen täglichen Reaktionen entspricht. Du brauchst eine Stimme, die unabhängig und zuverlässig ist und dich an einen festen Ort zurückbringt. Weisheit.

Wirkliche, dauerhafte Weisheit kommt in Momenten der Not zum Vorschein; sie trennt dich vom Rudel, bewegt dich in neue Richtungen und lebt quasi in der Struktur deines Wesens. Sie verleiht unserem Leben Tiefe, Sinn und Qualität. Du *weißt* nicht nur das, was du gelernt hast, du *bist* es. Du brauchst nun keinen neuen Ferrari mehr oder eine funkelnde neue Uhr, um deine Unsicherheiten zu überspielen.

Du denkst nicht länger wie alle anderen. Der übliche banale Scheiß belastet dich nicht wie die meisten anderen Menschen, denn du hast eine vollgepackte Werkzeugkiste zur Hand, die stets und ständig einsatzbereit ist. Du kannst dein Leben um diesen Scheiß herum aufbauen.

Wenn wir uns gleich mit den Säulen des Lebens befassen, möchte ich dich außerdem ermutigen, ernsthaft darüber nachzudenken, was ich sage. Ich möchte, dass du meine Worte reflektierst. Es ist so, als würdest du mit einer Idee »herumhängen«. Du musst dir keine Meinung bilden, du musst dich nicht festlegen oder zu einer Entscheidung kommen, du brauchst nur die Gelegenheit, eine Idee im Kopf gären zu lassen. Du setzt dich mit ihr auseinander, überdenkst sie und lässt sie zu dir sprechen. Du denkst über die Worte nach und was sie bedeuten oder nicht bedeuten. Und dann stellst du auch das infrage.

Vielleicht erinnerst du dich an Situationen, die du in der Vergangenheit erlebt hast, und vergleichst sie mit dem, was du hier liest. Vielleicht nutzt du aber auch deine aktuelle Lebenssituation, um das, was du hier liest, zu vertiefen. In jedem Fall solltest du es tatsächlich angehen; dein Leben ist kein ver-

dammtes Konzept, also hör auf, dich so damit auseinanderzusetzen, als wäre es das.

Du willst schließlich weiser werden, nicht wahr?

Zitier mich bloß nicht

Es wäre mehr als nachlässig von mir, dir einen wichtigen Punkt
zu verschweigen: Je weiser ich werde, desto merkwürdiger klin-
ge ich für manche Menschen. Ich selbst finde das nicht sonderlich problematisch; ich nicke dadurch heutzutage viel eher mit
dem Kopf, als dass ich jemanden wegen seiner besonderen
Ansichten über das Leben zur Rede stelle.

Lass mich das kurz an einem Beispiel erläutern.

Falls du mir in den sozialen Medien folgst, insbesondere auf Instagram (@garyjohnbishop), weißt du bereits, dass ich Aphoris-
men mag. Ich veröffentliche fast jeden Tag etwas, das das Hirn
stimulieren soll, das dein Umherirren durch dein Leben unterbrechen soll. Doch ganz oft setzt fast direkt nachdem ich etwas
veröffentlicht habe … Chaos ein.

Die Leute sind anderer Meinung, manche sind sauer oder werden rechthaberisch, andere sind verwirrt und verstehen nicht,
was ich meine. Einige bitten um eine Erklärung, andere klä-
ren mich zumindest darüber auf, wie ich es hätte sagen sollen,
damit es nicht so beleidigend oder kalt oder leichtfertig wirkt
oder … na ja, du weißt schon.

Die Sache ist die: Die Reaktionen kommen von Leuten, die mir *folgen*! Wie kann das sein? Zum Teil liegt es an meinem Schreibstil, der im Allgemeinen konfrontativ ist. Das kann einen Nerv treffen und manchmal durchaus schmerzhaft sein. Ich ziehe es eben vor, Dinge zu sagen, denen man sich nicht entziehen kann, Dinge, die einen förmlich festhalten und zum Nachdenken zwingen. Ich bin nie darauf aus, Dinge zu schreiben, durch die sich die Leser besser fühlen. Ich bin darauf aus, Dinge zu schreiben, die ihrer Apathie und Resignation eins überbraten.

Aber das ist nicht der eigentliche Grund, warum die Menschen so reagieren.

Der Grund, warum die Menschen so reagieren, wie sie reagieren, ist, dass sie sich mit dem, was sie lesen, beschäftigen, und zwar in einem vereinfachten und beobachtenden Vergleich. Im Grunde scannt man die Welt auf der Suche nach Dingen, denen man zustimmen oder widersprechen kann. Das tun wir alle. Doch, du auch. Falls du mir hier nicht zustimmst, mach dir bewusst, dass das genau das ist, worüber ich hier spreche. Überleg mal, ob du nicht nur nach dem Vertrauten suchst, nach etwas, das mit dem übereinstimmt, was du bereits denkst, kennst oder glaubst.

Schwups, startest du den Vergleich. Vielleicht merkst du noch nicht mal, dass du es tust, aber der Drang, zuzustimmen oder zu widersprechen, ist etwas, das wie ein unstillbarer Hunger in uns allen wohnt. Deshalb geht es in der Politik so harsch zu. Deshalb zerbrechen Familien. Und wird Liebe zerstört.

Das ist auch nichts Neues; es ist sehr menschlich, aber wie viele menschliche Dinge ist dieses Verhalten nicht unbedingt gut. Dieser unersättliche Appetit auf Zustimmung oder Ablehnung hat schon so manche Freundschaft, Partnerschaft oder Liebe ruiniert, besonders wenn eine undurchdringliche Mauer hochgezogen wird, auf der in Großbuchstaben die Frage steht: »Wer hat recht?« Das kommt dir vielleicht bekannt vor, oder?

Sobald wir etwas hören oder lesen, sortieren wir: Passt es in unser Bild, dann gefällt es uns; falls es nicht passt, ignorieren wir es vielleicht; aber sobald es heftig mit einer tief in uns verwurzelten Wahrheit oder Überzeugung kollidiert, können wir oft nicht anders, als unsere Missbilligung zu äußern. Denn es geht hier eigentlich ums Überleben. Ums Überleben deiner eigenen tröstlichen kleinen Illusion von Realität und Sicherheit.

Vielleicht sage ich etwas, durch das du bestimmte Dinge, die du in deinem Leben getan hast, einer Bestandsaufnahme unterziehen musst. Vielleicht betrifft es etwas, um das herum du Ausreden oder Rechtfertigungen aufgebaut hast, die dich, wenn sie angefochten werden, bloßstellen oder in eine nicht besonders bequeme Lage bringen könnten. Vielleicht musst du dich mit einer harten Wahrheit auseinandersetzen, die du nie in Betracht gezogen oder die du vielleicht sogar absichtlich ignoriert hast. Es sind nicht nur die anderen, die durch deine funkelnde neue Transformation ein wenig durcheinandergeraten könnten. Höchstwahrscheinlich wird es dich selbst auch verwirren.

Ich sage dir das an dieser Stelle, damit du vorbereitet bist. Dieses Gefühl könnte dich an jeder Stelle dieses Buches übermannen.

Es ist auch kein Wunder, dass neue Dinge uns so spektakulär aus der Bahn bringen können. Sie werden zu einer Bedrohung. Wie schon angedeutet, könnte auch deine wachsende Weisheit die Illusion eines anderen Menschen bedrohen. Das ist in Ordnung. Sei verantwortungsbewusst, sei mitfühlend, und belass es dabei. Jeder muss auf seine eigene Art und Weise und in seiner eigenen Zeit wachsen. Nur weil du nicht am gleichen Ort wie jemand anderes bist, bist du nicht besser oder weiter als er oder ihm in irgendeiner Weise überlegen. Es geht hier weder um einen Wettbewerb noch darum, den Gipfel der Erleuchtung zu erklimmen.

Du bist dort, wo du bist; die anderen sind dort, wo sie sind. Ende der Geschichte. Manchmal dauert es einfach eine Weile, bis sich die Menschen mit deinen neuen Erkenntnissen oder deinem wachsenden Selbstbewusstsein arrangieren. Atme. Sie werden dorthin gelangen, genau wie du. Und falls sie es nicht schaffen, bist du so erleuchtet, dass es dir sowieso scheißegal ist.

Damit gewinnt jeder!

Wise as F*ck – Ein scheißweises Leben

Am Ende dieses Buches werden wir diskutieren, wie ein echtes scheißweises Leben aussieht. Weise zu leben, bedeutet definitiv, sich in den eigenen alltäglichen Lebensumständen und Kämpfen zurechtzufinden. Ich will hier nichts vorwegnehmen, doch ich möchte dir versichern, dass das Ergebnis noch viel größer ist, als du dir das überhaupt vorstellen kannst. Weise zu leben, bedeutet, dass du und das, wofür du stehst, etwas in der Welt bedeuten. Du hast dann ein verdammt großes Leben.

Die Weisheit gibt dem Chaos schließlich einen Sinn, aber gleichzeitig verlangt sie von dir, dass du genau dieses Chaos aufräumst. Und das, mein Freund, ist an sich schon oft ein chaotischer Prozess! Zweifle nie daran, dass die Weisheit dir die Wahrheit sagt. Was du mit dieser Wahrheit tust, könnte den größten Wendepunkt in deinem Leben darstellen.

Oder auch nicht. Wenn du willst, dass dieses Buch anders ist, dann musst du selbst auch anders sein, zumindest darin, wie du es liest und dich mit seinem Inhalt auseinandersetzt. Wenn du mit dem Buch durch bist, wirst du dir ein bisschen echte Weisheit angeeignet haben. Etwas, worauf du aufbauen kannst und von dem du lernen kannst. Du wirst den Baum deines Lebens wachsen lassen, und zwar in die Richtung deiner eigenen unglaublichen Schöpferkraft. Du wirst nicht mehr gelangweilt auf scheinbar unkontrollierbare Einflüsse von außen reagieren. Du wirst dich verabschieden von zufälligen Gefühlen oder Launen des Schicksals.

Weisheit hilft dir dabei, alles auf die Reihe zu kriegen. Sie liefert dir eine frische Perspektive und bahnt dir einen klaren Weg durch den Morast des Lebens.

Weisheit ist eine Art Seelenfrieden, nach dem du greifen kannst, wenn du abserviert wirst, wenn du scheiterst, wenn der beste Freund stirbt, wenn eben die Art von Dingen passieren, die wir gerne ignorieren würden. Wenn dir jemand sagt, dass du etwas nicht kannst, und du dem irgendwo tief in deinem Inneren zustimmst, wenn Scham, Panik oder Schuldgefühle dich fertigmachen oder wenn dich die alles verzehrende Angst vor dem Unbekannten packt – dann türmt sich ein riesiger erstickender Berg von Prokrastinationen auf. Doch Aussagen wie »Irgendwann werde ich …« und »Könnte ich doch nur …« bremsen dein Leben komplett aus.

Aber die Show muss weitergehen, egal, ob man bereit ist oder nicht.

Ob dir das klar ist oder nicht: Wir alle sind auf ein Leben aus, das zählt und das etwas bedeutet. Dein Leben ist zu wichtig, als dass du es nur an dir vorbeiziehen lassen solltest! Du bist ein verdammtes Wunder des Seins, denk immer daran!

Bist du neugierig geworden? Super! Dann legen wir mal los!

2

Schlechte
Weisheit

Gib dich niemals damit zufrieden, dich in einem Leben, das nicht funktioniert, nur »besser zu fühlen«. Das nennt sich Stagnation, und so klischeehaft es auch klingen mag: Du bist wirklich besser als das.

Wenn man genau hinschaut, gibt es eine Menge wirklich schlechter Weisheiten. Worte, die leicht zu konsumieren sind und die oberflächlich betrachtet zwar Sinn ergeben, aber im Kern nicht so hilfreich sind, wie es den Anschein hat. Wir hören Floskeln von unseren Freunden, wenn sie möchten, dass wir uns besser fühlen; wir lesen Sprüche auf Grußkarten und inspirierenden Postern, und sie sind überall in den sozialen Medien zu finden. Du kennst sicher selbst einige Memes, die dein Schlamassel in wenigen Worten erklären, manchmal sogar auf poetische oder romantische Weise. Selbst wenn du dich durch das Lesen dieser Worte für einen Moment gut fühlst, versinkst du doch ein wenig tiefer in der Scheiße, in der du dich bereits befindest. Diese Worte entfachen weder ein Feuer in dir noch treiben sie deine persönliche Transformation voran. Hier nur ein paar Beispiele:

»Was für dich bestimmt ist, wird seinen Weg zu dir finden.« Nein, wird es verdammt noch mal nicht. Du bist kein Bahnhof. Tu etwas!

»Glaube an dich selbst.« Und was bitte, wenn du es nicht tust? Ist dann alles verloren? Meine Güte. Komm einfach in die Gänge, okay?

»Umgib dich mit positiven Menschen.« Na gut … aber was ist, wenn diese »positiven Menschen« denken, dass *du* das Arschloch bist, und nichts mit deinem Bullshit zu tun haben wollen? Oh, verstehe, dann häng halt trotzdem rum und saug alle Positivität aus ihnen heraus. Und wenn du damit fertig bist, suchst du dir einfach neue »positive Menschen«, die du aussaugen kannst, richtig?

»Du wirst morgen sein, was du heute denkst.« Buddha ist so nah dran ... aber nein. Wenn du nach deinen Gedanken handelst, wirst du garantiert nicht zu deinen Gedanken. Ich denke auch ziemlich oft an Welpen und hab immer noch keinen Fetzen Fell an mir entdeckt.

»Glückliche Gedanken, glückliches Leben.« Hmm ... vielleicht, aber was ist, wenn ich deprimiert bin oder jemand, der mir nahesteht, gestorben ist oder ich gerade gefeuert wurde oder in mein Haus eingebrochen wurde? Ah, genau, dann sollte ich wohl einfach fröhlicher sein. Sooo logisch!

Du denkst jetzt vielleicht: Na und? Wenn ich mich dadurch besser fühle, ist das doch gut, oder?

Nein.

Die meisten Memes sind dazu gedacht, dir vorübergehend Erleichterung zu verschaffen, dir ein besseres Gefühl für dein Durcheinander zu vermitteln, ohne dich wirklich wachzurütteln, damit du etwas veränderst. Oft bestätigen sie dir nur schnöde, dass du recht hattest, selbst wenn du diesen nagenden Zweifel spürst, dass du vielleicht doch falschlagst. Sich besser zu fühlen, ist einfach nicht genug. Gib dich niemals damit zufrieden, dich in einem Leben, das nicht funktioniert, nur »besser zu fühlen«. Das nennt sich Stagnation, und so klischeehaft es auch klingen mag: Du bist wirklich besser als das.

Wir sind hier, um echte, dauerhafte Veränderungen in unserem Leben herbeizuführen. Deshalb ist es so wichtig, dass du dich auf echte Weisheit stützt, um deine Entscheidungen und Handlungen konsequent zu lenken.

Wenn wir zu den Kapiteln über Liebe, Verlust, Angst und Erfolg kommen, werde ich dir einige neue Sätze verraten, Worte mit wirklicher Tiefe und einer kraftvollen Bedeutung, die oberflächliche und feige »schlechte Weisheiten« ersetzen. Doch worin genau besteht der Unterschied? In der Unterbrechung! Ich bin darauf aus, dich zum Nachdenken anzuregen, du solltest Dinge hinterfragen und die Normen deines Lebens infrage stellen.

Wenn du *Unfu*k Yourself* gelesen hast, kommt dir diese Aufforderung vielleicht bekannt vor. Lass uns die altbekannten, sich ständig wiederholenden Selbstgespräche, die uns durch den Kopf gehen, unterbrechen. Denn indem wir sie unterbrechen, erfinden wir eine neue Art von Wahrheit. Eine neue Weisheit, wenn du so willst.

Schlechte Weisheit kann auch gut gemeint sein. Ich denke da zum Beispiel an den Rat, den wir von unseren Freunden oder unserer Familie erhalten. »Tu dies« oder »Tu das« sind jedoch keine Weisheiten. Das sind Ratschläge. Rat suchen wir, wenn wir keine Ideen oder keine wirklichen Ansätze mehr haben, um unseren Scheiß selbst zu regeln. Also bitten wir jemand anderen, uns zu sagen, was wir tun sollen. Wenn dann alles den Bach runtergeht, haben wir so zumindest jemanden, dem wir die Schuld geben können. Gut, oder?

Aufklärungsregel Nr. 10.087: Hör auf, andere zu fragen, was du tun sollst; schalte dein eigenes Gehirn ein, lies, entdecke und plane deinen eigenen Weg.

Dein Hunger nach Ratschlägen ist in Wirklichkeit nichts anderes als der Wunsch, anderen von deiner misslichen Lage zu erzählen. Du willst anderen erzählen, wie du mit einer bestimmten Situation umgegangen bist. Du willst ihre Zustimmung, willst von ihnen hören, dass du das »Richtige« tust. Du suchst eigentlich gar nicht wirklich nach Ratschlägen. Du suchst vor allem nach dem freundschaftlichen Siegel der Zustimmung.

Okay, machen wir eine kurze Pause. Ich höre das »Ja, aber« in deinem Kopf brodeln. Deshalb gebe ich dir hier ebenfalls einen Ratschlag: Du musst diese drängende »Ja, aber«-Sucht eindämmen, wenn dieses Buch etwas Neues in dir wecken soll. Gib ihm eine Chance. Meist packen Leute ihr eigenes »Ja, aber« aus, damit sie sich nicht mit dem Unbehagen, das mit dem angesprochenen Thema verbunden ist, auseinandersetzen müssen. Ein einziger einsamer Einwand reicht oft aus, um die gesamte Wachstumschance zu verwerfen. Ich bin jedoch hier, um dir beim Wachstum zu helfen. Versuch also, geduldig zu sein und dranzubleiben, während wir die Stellen ausfindig machen, an denen sich in deinem Leben etwas bewegen muss.

Manche Menschen haben die besten Absichten und verteilen trotzdem (größtenteils) schlechte Weisheiten, weil sie damit Geld verdienen oder Anerkennung erhalten oder um ihrem eigenen Scheiß aus dem Weg zu gehen. Sie wollen anderen gefallen – und solange ihre Botschaften in einer schicken

Schriftart mit dem Foto eines nebelverhangenen Wasserfalls oder eines verdammten Sonnenuntergangs präsentiert werden, sind wir dabei und spülen die Worte dankbar mit einer Tasse teuren Tees hinunter!

Unglücklicherweise macht dies auch vor der Welt der Selbsthilfe keinen Halt. Mit einer wahren Flut von schicken Büchern, Gruppen, Workshops, Kursen, Zeitschriften, Planern und Gipfeltreffen, die nur so vor schlechter Weisheit strotzen, werden die Menschen strategisch verführt. Wirklich bewirken tun sie für den Leser oder Teilnehmer nur selten etwas. Gut gemeinte schlechte Weisheit ist immer noch schlechte Weisheit.

Und ja, natürlich weiß ich, dass ich auch Bücher schreibe, die in der Buchhandlung in der Selbsthilfeabteilung zu finden sind. Aber das Besondere an ihnen ist, dass ich mehr als nur das metaphorische Pflästerchen für deine Probleme anbiete. Mir geht es vielmehr darum, wie du dein Leben lebst und wie es aussehen könnte, etwas Neues aufzubauen. Ein neues Leben, das auf einem soliden Fundament von Prinzipien und Ideen basiert. Weisheit.

Die Kunst des Denkens

Es war eine ganz schön harte Nuss für mich, genau *dir* mit diesem Buch etwas an die Hand zu geben, das du in lebenslange Weisheit verwandeln kannst, wenn du nur lange genug darüber nachdenkst. Dieses Buch soll dir immerhin die Art von Einsicht geben, die dir für den Rest deines Lebens zur Verfügung steht, immer dann, wenn du sie am meisten brauchst. Es soll dir eine neue Perspektive bieten, eine völlig neue Sichtweise. Eine Art, die Dinge so zu sehen, dass es keine Möglichkeit mehr gibt, sie noch irgendwie anders zu sehen. Hast du diese Perspektive einmal übernommen, gibt es kein Zurück. Du trägst dann eine Weisheit in dir, die nicht nur die Art und Weise verändert, wie du das Leben siehst, sondern auch, wie du mit dem Leben umgehst. Wenn du mit diesem neuen Verständnis, diesen Wahrheiten, interagierst, könnte das dein Leben tatsächlich verändern. Es könnte die zerbrochene Beziehung zu deiner Mutter reparieren, es könnte die Spannungen bei deiner Arbeit ausgleichen, es könnte dich dazu bringen, dieses Buch zu schreiben!

Es ist eigentlich gar nicht so schwer, die Art und Weise neu zu definieren, wie man Verlust, Angst, Liebe oder Erfolg sieht. Dieser Teil spielt sich in deinem Kopf ab. Die wirkliche Herausforderung beginnt, wenn du da draußen in die kalte, harte Realität deines Lebens trittst und anfängst, deine Beziehungen, deine Karriere oder deine Leidenschaften aus einer ganz neuen Perspektive heraus anzugehen. Wenn du mit diesen Dingen plötzlich nicht mehr so umgehst, wie du es sonst getan hast, kann dein Leben dir durchaus wie eine fremde Landschaft vorkommen, durch die du dich nicht so wendig und selbstsicher bewegst, wie du es gewohnt bist – vor allem am Anfang.

Nichts sieht gleich aus, wenn man sein Leben aus einem anderen Blickwinkel betrachtet. Der Grund dafür, dass du im Leben immer wieder auf die gleichen Probleme stößt, liegt darin, dass du dich immer aus dem gleichen Blickwinkel mit ihnen beschäftigst. Du bist so besessen von dem Versuch, die Probleme aus dieser speziellen Sicht zu lösen, dass du deine Ninja-Power vergessen hast: Du kannst deinen Blickwinkel ändern. Du kannst an einem neuen Ort stehen und hinausschauen und das Leben von dort aus bewältigen.

Stell dir Folgendes vor: Du stehst auf einem Hügel, blickst in ein Tal und in der Ferne siehst du eine kleine Stadt. Du willst zu dieser Stadt gelangen. Du siehst den Fluss, den du überqueren musst, das weite, schlammige Feld, das du durchqueren musst, oder den dichten, dunklen Wald, durch den du dich durchhacken musst. Du erkennst eine endlose Reihe von Hindernissen, Umwegen und Gegebenheiten – du hast sie alle vor Augen, dort, wo du stehst.

Du baust dir ein Bild im Kopf auf und entwirfst deine Lösung. Vielleicht erinnerst du dich an andere Situationen, in denen du gelaufen oder gerannt bist, oder du denkst an den Ratschlag, den du von deinem Vater gehört oder in einem Buch gelesen hast.

Wow … das wird hart werden.

Dem Bild in deinem Kopf fügst du noch hinzu, was du über dich selbst und deinen Verstand, deine Stärken und dein Können weißt. Du berücksichtigst, was du anhast, was dir fehlt, dass du durstig oder hungrig werden könntest oder vielleicht einen »schlechten« Tag hast. Nun bekommst du ein wirkliches Gefühl dafür, was es braucht, um in diese kleine Stadt in der Ferne zu gelangen.

Vielleicht überdenkst du sogar noch einmal, ob du überhaupt losgehen solltest. Wozu eigentlich? Es ist sowieso nur eine dumme Stadt. Das ist das Problem mit Städten, sie sind immer schwer zu erreichen. Sie machen mehr Ärger als Freude ... oder?

Wir wissen beide, dass diese Schlussfolgerung absurd ist.

Aber versuch dir mal vorzustellen, dass du dein Leben genau so lebst. Du siehst dir immer wieder denselben Scheiß vom selben Standpunkt aus an und hoffst irgendwie, dass es irgendwann besser wird, während du gelegentlich die willkürlichen Ratschläge und schlechten Weisheiten eines anderen entgegennimmst – und nirgendwohin gehst, trotz aller Hoffnungen. Die Sache ist die: Wenn du dort stehen bleibst, wo du stehst, wirst du weiterhin die gleichen Ideen, Lösungen, Probleme und Hindernisse sehen. Du siehst alles aus demselben Blickwinkel. Es ist nie wirklich das, womit du es zu tun haben wirst, das dich nach deinem gewohnten Schema handeln lässt. Es ist vielmehr der Ort, von dem aus du es siehst.

Nun, vielleicht gefällt dir die Aussicht nicht, die du von deinem kleinen Hügel hast. Doch du hast es dir immerhin ein wenig bequem gemacht, du hast dir eine Existenz aufgebaut, Freunde gefunden, ein Leben zusammengeschustert, hast diesen ganzen Scheiß auf deinem kleinen Hügel zum Laufen gebracht. Und du würdest mit dieser Perspektive sterben, denn sie vereinnahmt alles. Du würdest die Dinge nie anders sehen – es sei denn, du forderst dich selbst heraus. Und genau das möchte ich erreichen. Stell deine eigene Sicht der Dinge infrage, akzeptiere nicht länger, wie die Dinge sind oder sein sollten. Pack einen existenziellen Vorschlaghammer und hau mutig einige deiner »heiligen Kühe« um. Setze dich selbst der Unsicherheit und dem Unbehagen einer anderen Perspektive aus. Einer Perspektive, von der du vielleicht entweder noch nie gehört hast oder die du vorher verworfen hast, die aber existiert. Einem neuen Blickwinkel, mit dem du dir eine neue Sicht auf dein Leben aufbauen kannst, die Türen, Wege und Routen öffnet, die du noch nie gesehen oder in Erwägung gezogen hast.

Damit sind wir so weit, dass wir uns mit den bereits erwähnten Säulen des Lebens befassen können. Halte deinen Geist offen und glaube an Veränderungen. Je tiefer wir gehen, umso mehr wirst du deine Überzeugung brauchen.

Säulen des Lebens

Ich liebe es, dass mir dieses Buch die Möglichkeit gibt, Themen anzusprechen, die ich in meinen anderen Büchern normalerweise nicht aufgreife. Sich auf Dinge wie Motivation, Geld, Immobilien und sonstige »Dinge« zu konzentrieren, ist einfach. Viel schwieriger (und, um ehrlich zu sein, weniger erfreulich) ist es, darauf abzuzielen, kraftvoll mit den Dingen umzugehen, die uns entgleisen lassen. Tragödien, Unglücke, Diebstahl, Skandale oder Ärger jedweder Art können das Leben eines jeden Menschen berühren. Darauf vorbereitet zu sein und darüber hinaus sogar in der Lage zu sein, das eigene Leben nach solchen Ereignissen neu aufzubauen – das ist es letztendlich, was jeder von uns will.

Ich weiß nicht, wie es dir geht, aber dabei allein auf Hoffnung zu setzen, ist ein Risiko, das ich persönlich nicht eingehen möchte. Niemals. Daher habe ich dieses Buch in Abschnitte unterteilt, die ich die »Säulen des Lebens« nenne. Damit meine ich jene Eckpfeiler dessen, was wir alle zu bewältigen haben: Erfahrungen, bei denen man ins Schwimmen gerät, wie **Verlust**, die Komplexität von **Liebe** oder die aufwühlenden und energiezehrenden Minenfelder von **Erfolg** und **Angst**. Wenn du diese vier Kategorien durcharbeitest, verschaffst du dir selbst etwas Raum, um zu erkennen, was mit dir und deiner Situation vor sich geht. Die Themen sind weitläufig, aber die Weisheit ist sowohl tiefgründig als auch nützlich.

Manche Menschen unterteilen ihr Leben in Schubladen, um besser einen Sinn darin zu erkennen. Um Umstände, Gegebenheiten oder Erlebnisse klar voneinander zu trennen: das Arbeitsleben vom Privatleben oder das Familienleben vom gesellschaftlichen Leben.

Das ist alles Blödsinn. Es geht immer um dich, ganz gleich, welche Schublade du bedienst. Ich habe aufgehört mitzuzählen, wie oft ich Leuten begegnet bin, die lauthals verkündet haben: »Mein Leben ist in Ordnung, außer [Schublade hier einfügen].« Sie reden dann gerne von irgendeinem Charakterfehler, einem miesen Familienleben, einer schrecklichen Karriere, von zerbrochenen Beziehungen/Freundschaften oder schiefgegangenen Geschäftsideen. Sie bestehen darauf, dass sie nur diese eine Sache in Ordnung bringen müssten, damit alles großartig wäre. Ja, klar! Dein »Leben« ist nicht in Ordnung; hör auf, dir selbst etwas vorzumachen und die verdammte Messlatte so tief zu hängen!

Die Realität sieht so aus: Du kannst von einer Situation zur nächsten nicht abschalten, wer du bist. Du bist du – *immer*. Du bist nie nicht du. Wo du am freiesten bist, wo du am authentischsten du selbst sein kannst, bist du am glücklichsten. Wo du eingeschränkt wirst, fühlst du dich deiner Macht beraubt. Selbst wenn das nur auf einen winzigen Teil deines Lebens zutrifft: Diese persönliche Unterdrückung wirkt in alles hinein, und ich meine in *alles*, ob es dir nun bewusst ist oder nicht. Belüg dich nicht selbst und kauf dich nicht frei, indem du dir vormachst: »Es ist alles in Ordnung, außer …« Es geht um alles oder nichts. Wenn du genug Weisheit hast, mit dem Leben umzugehen, kannst du alles zu deinen Gunsten laufen lassen, selbst wenn dein Leben gelegentlich doch in die falsche Richtung läuft.

Vielleicht gelingt es dir, die bestehenden Probleme in den eingeschränkten Bereichen deines Lebens zu sehen. Vielleicht ist es nun sogar schlicht unmöglich für dich, weiterhin wie ein Schaf zu akzeptieren, dass »die Dinge nun mal so sind, wie sie sind«. Der Clou ist: Du *kannst* wirklich alles haben, und du solltest dich nicht mit weniger zufriedengeben. Punkt.

In jedem Abschnitt zu den besagten Säulen verrate ich dir eine Handvoll Sätze, die ich verwende. Sie bilden den *Anfang* eines Weges, den du selbst erkunden kannst. Deshalb wiederhole ich es hier noch einmal: Blätter nicht einfach durch die Seiten. Lass die Worte auf dich wirken, mach dir Notizen, wenn du willst, und markiere oder unterstreiche dir vielleicht sogar Passagen, in die du weiter eintauchen willst. Nimm dir Zeit und erlaube dir vor allem, die unbehagliche Herausforderung anzunehmen.

Du wirst mit Sicherheit versucht sein, den Sätzen, die ich dir an die Hand gebe, zuzustimmen oder zu widersprechen. Dieser Versuchung musst du widerstehen, damit die entsprechende Idee lange genug in deinem Kopf reifen kann, um die Punkte zu verbinden. Es kann gut sein, dass auf den ersten Blick viele Situationen in deinem eigenen Leben in heftigem Widerspruch zu dem stehen, was ich vorschlage. Bedenke jedoch, dass es nicht die Situationen deines Lebens sind, die mit dem, was ich hier sage, in Konflikt stehen, sondern vielmehr die aktuelle »Weisheit«, die du benutzt hast, um dich selbst in diese Situationen zu bringen. Wenn du dein ganzes Leben lang in dem Glauben gelebt hast, dass etwa Liebe nur auf eine bestimmte Art funktioniert, dann wird es sich wie eine Kampfansage anfühlen, wenn du aufgrund meiner Worte plötzlich mit dem kompletten Gegenteil dessen konfrontiert bist. Ich fordere dich heraus, diese Spannung auszuhalten – denn genau da geschieht Veränderung, und das ist richtig gut!

Das Leben, das du führst, ist ein Produkt der Ansichten und Ideen, die du derzeit für »wahr« hältst. Wenn du dasselbe Leben mit anderen Prinzipien betrachtest, wirst du einen Widerspruch feststellen. Das ist in Ordnung. Tatsächlich ist es genau das, was wir sehen wollen.

Einige der Sätze, die dich erwarten, sind dir vielleicht vertraut; von anderen glaubst du womöglich, sie »schon zu kennen«. Lass dich nicht täuschen. Dies ist eine Gelegenheit, über das »Wissen« hinaus in die Welt der Weisheit und Einsicht zu treten. Es gab in meinem Leben viele Momente, in denen ich mir vermeintlich bekannte Dinge noch einmal überprüft habe und wodurch ich schließlich etwas ganz anderes gelernt habe. Wenn sich das Leben in neue Bereiche bewegt, ist es wichtig, alte Ideen aus der Perspektive zu überprüfen, in der sich dein Leben jetzt befindet. Nur so gelangst du zu neuer Weisheit.

Selbst der klügste Mensch ist gegen eine gewisse Arroganz nicht gefeit, die sich nach und nach einstellt, wenn er ein gewisses Wissen besitzt. Viel eher stellt sich jedoch eine gewisse Apathie ein. Vor einiger Zeit habe ich in den sozialen Medien ein Meme nach dem Motto »Eines Tages wirst du sterben« gepostet. Einige Menschen reagierten darauf mit einer dumpfen Unschlüssigkeit, eine Person tat das Zitat als »nichts Neues« ab.

»Dein Leben wird enden« ist *nichts* Neues?! Mal im Ernst, wie abgestumpft musst du sein, wenn du so denkst??!!

Das Wissen, dass ich einmal sterben werde, habe ich stets mit der Ernsthaftigkeit betrachtet, die es verdient. Dass ich eines Tages sterben werde, weckt mich förmlich zum Leben. Jeden. Einzelnen. Tag. Wenn du nur noch müde darüber lächeln kannst, dass dein eigener Abgang unvermeidlich ist, wach auf. Du schläfst am Steuer. Du kannst dich mit dem Inhalt dieses Buches hier beschäftigen wie mit einem Arbeitsheft oder einem Nachschlagewerk. In Zeiten der Not kannst du dieses Buch als Quelle der Einsicht und Klarheit benutzen, um etwas festen Boden unter die Füße zu bekommen. Eine Weisheit, auf die du dich verlassen kannst. Behalte dieses Buch in der Nähe. Bewahre es in deiner Handtasche, auf deinem Schreibtisch, in deiner Küche oder auf deinem Nachttisch auf – eben dort, wo du es sowohl im Alltag als auch in Zeiten großer Not direkt finden wirst. Es wird dich nicht enttäuschen. Lies es nicht nur. Studiere es, saug es in dich auf, lass dich davon leiten und wachse daran. Lies auch zwischen den Zeilen, denn genau dort beginnt deine eigene Weisheit.

Dies ist deine Chance, dich wirklich zu entwickeln, dir eine dickere Haut zuzulegen und deine Perspektive zu erweitern. Es ist deine Chance, jemand zu werden, der kraftvoll und zuverlässig durchs Leben navigieren kann. Ich sollte an dieser Stelle die kleine schlechte Nachricht hinzufügen. Wie bei all meiner Arbeit wirst du sicher auch mithilfe dieses Buches Punkte aufdecken, die es erforderlich machen, dein bisheriges Leben zu überdenken. Vielleicht wirst du daraufhin merken, dass dir eine bedeutende und schwierige Veränderung bevorsteht. Zögere nicht. Verstecke dich nicht. Knie dich rein. Du schaffst das.

Denk daran, dass alles, was ich tue, darauf ausgerichtet ist, dass du dein Leben veränderst. Dazu gehört, dass das, worauf es dabei ankommt, mit dem Inhalt dieses Buches zu einem Preis zur Verfügung steht, den sich die meisten Menschen leisten können. Für mich sind die Zeiten vorbei, in denen sich eine wirkliche persönliche Entwicklung nur die leisten konnten, die dafür Zehntausende von Dollar lockermachen können. Wenn du das, was ich hier schreibe, anwendest, wirst du dein Leben verändern. Solltest du bereits unzählige Selbsthilfebücher verschlungen haben und bei all diesen »Anstrengungen« dennoch wenig bis gar keine Ergebnisse vorzuweisen haben, dann bedenke, dass du mit diesem Buch keine Ausreden mehr hast.

Stell es nicht einfach zu den anderen Selbsthilfebüchern zurück ins Regal, ohne wirklich etwas damit zu machen.

Der Trick bei diesem Buch besteht darin, sich langsam auf die verschiedenen Abschnitte einzulassen, die Ideen aufzusaugen, zwischen den Zeilen zu lesen, mit den Worten zu jonglieren und dir selbst zuzuhören. Verbinde deine schwierigen Situationen, deine Probleme und alltäglichen Dramen, durchdringe die Worte in diesem Buch und höre darauf, was sich daraus ergibt. Vielleicht überraschst du dich selbst mit einer angeborenen Fähigkeit, große Dinge zu denken und sie geschehen zu lassen.

Lass uns in diesem Sinne also die erste Säule des Lebens in Angriff nehmen: Liebe.

Dies ist ein schwergewichtiges Thema, bei dem es um Meinungen, Standpunkte und manchmal auch um Geheimnisse geht. Gleichzeitig ist es sicherlich eines, bei dem wir alle von Zeit zu Zeit zumindest ein wenig Weisheit gebrauchen könnten, oder?

Okay … dann tauchen wir mal ein.

3

Liebe

Dauerhafte, mächtige Liebe ist die bewusste Entscheidung, einen anderen für ALL das zu lieben, was er ist, und nicht nur für die Dinge, die wir gutheißen oder angenehm finden.

Heilige Scheiße, wie geht man überhaupt an diese Sache heran?

Die Liebe ist ein monumentaler Teil unserer Menschlichkeit. Auf den ersten Blick wirkt sie wie ein kompliziertes Durcheinander aus überbordender Lebendigkeit, Ego, Vertrauen/Misstrauen, Verzweiflung, Sorge, Hochgefühl, Schmetterlingen im Bauch, gnadenloser Verwundbarkeit, manchmal Wut, zutiefst menschlicher Verbundenheit und einer eigenen Achterbahn von Emotionen.

Manche Menschen stehen diesem Thema unbeschwert gegenüber – für sie siegt Liebe über alles. Andere haben schlichtweg resigniert – für sie ist Liebe deshalb gestorben. Vielleicht gehörst du zu einer von beiden Gruppen. Vielleicht befindest du dich aber auch irgendwo in der Mitte – mit einem Fuß drin, mit einem draußen.

Ein klein wenig bedeutungsvolle Weisheit hier und da könnte das Potpourri aus Drama, Wünschen und Strategie tatsächlich verändern. Warum ist dieser so zentrale, wichtige Teil unseres Lebens so ungreifbar, ja manchmal unerreichbar?

Die Liebe ist eine jener Säulen des Lebens, die sowohl erfreut als auch frustriert, sowohl belebt als auch auf die eine oder andere Weise zerstört. Gleichzeitig ist sie ein Thema, dem eine gewisse Uneinigkeit und sogar Hokuspokus anhaftet. Beispielsweise haben wir alle schon von »Liebe auf den ersten Blick« gehört. Sie ist ein feststehender Ausdruck und sorgt gleichwohl regelmäßig für Diskussionen.

Die Romantischeren unter uns bestehen darauf, dass es so etwas wie Liebe auf den ersten Blick gibt, dass wir den »einen« Menschen einfach dadurch erkennen können, dass wir ihn sehen oder seine Stimme hören. Sobald wir uns mit diesem besonderen Engel aus der Ferne verbinden, schlägt unser Herz höher und unser Verstand beginnt zu taumeln. Ein Lichtstrahl durchdringt die Wolkendecke über uns, und eine Schar von Tauben fliegt auf, während der oder die eigene Seelenverwandte durch einen Dunst aus nebligem, magischem Liebesgas erscheint und in unsere offenen Arme sinkt. Universen kollidieren und die Sterne richten sich neu aus. Dann hüpfen wir beide, Hand in Hand, mühelos in den Liebeskorb des majestätisch baumelnden Heißluftballons und schweben für alle Ewigkeit in den Himmel davon.

Oder so ähnlich.

Und dann, eines dunklen Tages, fallen wir plötzlich auf katastrophale Weise aus dem Liebeskörbchen und rasen mit einer wahnsinnigen Geschwindigkeit zurück auf die Erde – und RUMS!

Es ist vorbei.

Verdammt, das ist es also, was sie meinen, wenn sie sagen, dass »die Liebe abhandenkam«. Kein Wunder, dass es so qualvoll ist!

Wir hätten uns besser einen Liebessicherheitsgurt oder zumindest einen Liebesfallschirm besorgen sollen. (Ging es am Ende vielleicht sogar genau darum?)

Die Zynischeren unter uns finden das alles absolut albern. Sie argumentieren schlicht, dass es so etwas wie Liebe auf den ersten Blick nicht gibt.

Ob du es glaubst oder nicht, es gibt sogar Menschen, die infrage stellen, ob es die Liebe in dem Sinne, wie wir uns den Begriff vorstellen, überhaupt gibt. Sie sind der Überzeugung, dass Liebe kaum mehr als die Verbindung von Neuronen ist, auf die unser Körper reagiert, während er eifrig wie ein verlorener Wanderer einer Spur in Richtung eines neuen Horizonts folgt.

Aber seien wir mal ehrlich: Ich denke, wir sind uns alle einig, dass es nicht sehr romantisch klingt, wenn man sagt: »Hey, unsere Neuronen feuern hier gerade der Reihe nach wie wild, also sollten wir wahrscheinlich heiraten.« Oder?

Liebe in der realen Welt

Die meisten von uns haben ihre Vorstellung von Liebe im nebligen Dunst ihrer Gedanken verborgen. Dabei ist es egal, ob es sich um die logische oder die romantische Version handelt oder ob die eigene Vorstellung irgendwo dazwischen liegt. Das Konzept Liebe ist eine Verschmelzung von Bildern und Erinnerungen an Ereignisse und erlernte Ideale, verflochten mit bestimmten gewohnten Emotionen und Verhaltensweisen.

Das scheint kaum ein Rezept für Klarheit und wirkliche Macht in diesem Bereich zu sein, oder?

Ob es nun um romantische Liebe oder familiäre Liebe geht, um die Liebe eines Freundes oder um die eines Tieres oder um deine authentische Liebe zu allen Menschen oder bestimmten Situationen: Wenn ich hier von Liebe spreche, meine ich die Art von Liebe, die auf alles zutrifft. Mit anderen Worten: Ich spreche von dir und der Art und Weise, wie du in deinem wirklichen Leben mit der Liebe umgehst. Wie du dich ausdrückst, dich selbst unterdrückst, wie du die Liebe benutzt, um andere zu dominieren und ihnen Schuldgefühle zu machen, oder wie du verzweifelt nach »dem einen Menschen« suchst, der die Antwort auf all deine unbeantworteten Fragen sein wird.

Schau dir einmal die Art und Weise an, wie du in deinem Leben liebst. Blicke nicht auf das Verhalten von anderen oder auf die Liebe als Konzept. Schau dir deine aktuelle Situation an und die Liebe, die du mit deinen Freunden teilst (oder auch nicht), wie du deine Mutter oder deinen Partner oder deine Katze oder dein Kind liebst. Mach dir auch bewusst, dass es Menschen gibt, denen gegenüber du deine Liebe nicht ausdrücken kannst oder gegen die du solchen Groll oder Hass hegst, dass du Liebe nicht einmal als Option in Betracht ziehen könntest.

Liebe als Wahl

Wenn man einen anderen Menschen liebt, wird normalerweise vermehrt Dopamin ausgeschüttet. Das beeinflusst dein Gehirn und führt dazu, dass du die Realität verändert wahrnimmst. Das Problem dabei ist, dass dieser chemische Vorgang am Anfang einer romantischen Liebe viel überdeckt, was erst wieder zutage kommt, wenn du schon knietief in der Beziehung drinsteckst. Was dich früher an dieser Person oder an einer bestimmten Situation gefreut hat, kann dich schließlich in den Wahnsinn treiben. Auf Wiedersehen, Dopamin, willkommen, Resignation und Zweifel. Plötzlich bemerkst du subtile Schattierungen von Groll, die großzügig eure täglichen Unterhaltungen durchziehen.

Dies passiert unweigerlich, und so wäre es nur allzu einfach, sauer zu werden und alles auseinanderzunehmen. Wie alles beginnt auch dies in deinem Kopf. Ein Zweifel hier, eine Frage dort, und schon fangen die Dinge an, den Bach runterzugehen. Eine um die andere Schicht baut sich mit der Zeit auf. In vielerlei Hinsicht sind alle unsere Liebesbeziehungen für diesen Prozess anfällig, sogar die Liebe, die wir für unsere Eltern, Freunde oder unsere Kinder empfinden. Bei wahrer, authentischer Liebe geht es nicht nur darum, die besten Seiten eines Menschen zu schätzen. Jeder, der einen Funken Mitgefühl oder Anstand besitzt, kann die körperliche Schönheit, den Charakter oder die Intelligenz eines Menschen schätzen. Das ist einfach.

Dauerhafte, mächtige Liebe ist die bewusste Entscheidung, einen anderen für ALL das zu lieben, was er ist, und nicht nur für die Dinge, die wir gutheißen oder angenehm finden. Vor allem, wenn man in Versuchung geführt wird, einen anderen Weg zu gehen – etwa sich zu trennen oder jemanden zu betrügen. Ich möchte darauf hinweisen, dass Betrug nicht nur darauf beschränkt ist fremdzugehen. Du kannst einen anderen auch dadurch betrügen, dass du nicht länger der bist, der du zu Beginn warst. Du magst vielleicht körperlich noch anwesend sein, aber das war's auch schon.

Wenn du dann ein bisschen tiefer gräbst, wirst du irgendwann sehen, dass du nicht dein Gegenüber betrügst; du betrügst den, der du angegeben hast zu sein. Es ist Selbstbetrug. Und es ist nicht der Betrug an sich, der das Ganze schlimmer macht; es ist das Vortäuschen, dass du ja eigentlich gar nichts Schädliches tust. Denn was auch immer die Gründe und Rechtfertigungen für das sein mögen, was du tust – du bist derjenige, der mit diesem Betrug weitermacht. Und obwohl es ab und zu nützlich sein kann, einen Sündenbock für all deinen Schwachsinn zu haben – geht das nicht einen Schritt zu weit?

Ticktack, die Uhr tickt, und dein Scheinleben zieht an dir vorbei.

Jemanden wirklich zu lieben, heißt also, das Ganze zu lieben. Es heißt, sich dafür zu entscheiden, die ganze Persönlichkeit des anderen zu lieben, in guten wie in schlechten Zeiten.

Liebe ist von Natur aus bedingungslos. Und wenn ich bedingungslos sage, meine ich wirklich, dass es keine andere Wahl als die Liebe selbst gibt. Sie fließt, sie ist unwiderstehlich und sie ist alles verzehrend. Bedingungslose Liebe ist die einzige Art von Liebe, die existiert. Ich weiß, dass Menschen häufig die Phrase »Liebe unter bestimmten Bedingungen« verwenden, aber das ist ein anderes Phänomen. Das ist, als ob etwas der vollständig ausgedrückten Liebe, die du bist, in die Quere kommt. Sie ist zögerlich, dosiert, bewertet, manchmal richtig schmerzhaft. Das ist keine Liebe. Das ist eine Strategie, um zu überleben. Ich kann deinen Widerspruch von hier aus hören … Hör auf damit!

Liebe tut übrigens nicht weh. Liebe ist verdammt geil. Enttäuschung ist das, was *wehtut*, und deine Erwartungen sind das Gefährt, das dich Zentimeter für Zentimeter in den Graben der Enttäuschung treibt.

Du ärgerst dich nicht über die Liebe in deinem Leben, du ärgerst dich über die Abwesenheit der Liebe, von der du dachtest, dass du sie haben würdest. Und wenn du das erkennst, dann siehst du von außen auf deine Situation, beobachtest und beurteilst sie. Du bist nicht mehr wie vorher mittendrin. Du hängst in Sachen Liebe in deinem Leben nicht länger an der Angel. Die Last dafür liegt bei jemand anderem, und ihn beobachtest du jetzt.

Wenn du andererseits jemanden bis zu den pummeligen Spitzen seiner süßen kleinen Knubbelzehen liebst, sind Bedingungen das Letzte, woran du denkst.

Lass mich das ganz klar auf den Punkt bringen: Du musst niemanden unter allen Umständen weiterhin lieben, und auf keinen Fall solltest du völlig ausblenden oder leugnen, was dein Gegenüber tut oder sagt. Manchmal kann die Beziehung zwischen zwei Menschen eher schädlich als gesund ausfallen. Und falls du dich in einer solchen Situation befindest, bin ich der Letzte, der dir vorschreiben würde, dass du diese Person bis in alle Ewigkeit weiter lieben musst. Liebe existiert in einem Moment, und zwar in der Gegenwart. Liebe ist immer in der

Gegenwart. Wenn Liebe vorhanden ist, wenn du liebst und geliebt wirst, und zwar unverwechselbar und bedingungslos, so bedeutet das noch lange nicht, dass auch alles andere bedingungslos ist. Ich kann dich lieben und dir gleichzeitig widersprechen, aber nur so lange, wie unsere Uneinigkeit nicht unsere Verbindung verdirbt. Letzteres tritt ein, wenn Selbstgerechtigkeit, Groll, Ärger oder Frustration komplett Einzug halten und du innerlich auf gepackten Koffern sitzt ... nur für den Fall.

Manche verbringen Jahre damit, ihre »Flucht« zu fantasieren, während sie völlig stillstehen. Schlimmer noch, viele planen in ihrer aktuellen Beziehung bereits, was sie in der nächsten Beziehung anders machen werden – als wäre die aktuelle Beziehung ein Probelauf für ihre Heile-Welt-Fantasie.

Vielleicht erreichst du in der Zukunft – ob in zehn Jahren oder in zehn Tagen – einen Punkt, an dem du das »Zeug« deines Gegenübers einfach nicht mehr ertragen kannst, an dem du diese Person nicht länger für dich wählen kannst. Vielleicht hasst du sie jetzt sogar. Vielleicht hat sie dich betrogen, bestohlen oder ihre eigenen Dämonen einfach zu lange genährt. Ihr Leben könnte in eine Richtung abrutschen, die du nicht geplant hast und der du auch nicht zugestimmt hast.

Du willst das Hindernis, das im Weg steht, jetzt nicht mehr in Angriff nehmen.

Deine Aufgabe in diesen Zeiten besteht darin, die Verantwortung für *deinen* Unwillen zu übernehmen. Keine Schuldzuweisungen, kein Drama, es ist vorbei, und du setzt dich für etwas Neues ein. Wenn du eine Beziehung beendest, dann beende sie so sorgfältig und ehrenhaft, wie du sie eingegangen bist, unabhängig davon, wie dein Gegenüber auf diese neue Situation reagiert. Das nennt man persönliche Integrität. Missbrauche sie nicht.

»Ja, aber ...« Mach es mit dir selbst aus.

(*Notiz an dich selbst: Schreib auf jeden Fall ein Hammerbuch über Beziehungen.*)

Wie auch immer: In diesem Moment sind die Menschen, die du wirklich liebst, die Menschen, die du gänzlich liebst, sowohl im Guten wie im Schlechten. Die Liebe ist ganz und umfassend.

Für die Liebe eines Menschen

Lieben heißt leiden – und sonst kann es keine Liebe geben.

Fjodor Dostojewski

Auf den ersten Blick mag dieses Zitat von Dostojewski ein wenig hart erscheinen, aber es ergibt absolut Sinn, wenn man die Bedeutung kennt, die er der Liebe beimaß. Liebe ist entscheidend, sie ist wesentlich für unsere Natur – aber das bedeutet nicht, dass sie ein Märchen ist. Es gibt Gutes und Schlechtes in jeder liebevollen Beziehung, sei es mit deinem Ehepartner, deinen Eltern oder deiner seltsamen Tante Lisbeth.

Warum ist Liebe so entscheidend? Weil der Mensch im Grunde nichts anderes als Liebe ist. Das ist es, was wir sind. Jeder von uns.

»Hm????!!!«

Ja. Wir alle sind Liebe.

Nun, sicher denkst du gerade an all die fiesen Leute, die du kennst oder denen du kürzlich begegnet bist. Wenn alle Menschen Liebe sind, warum ist dein Vermieter dann so eine mürrische alte Kröte? Warum ist dein Vater so zynisch oder deine Schwester so gehässig? Warum ist dein Chef SO ein Arsch? Na gut, sagen wir mal so, meistens sind die Menschen Liebe, aber es gibt eben einige echte Arschlöcher in deinem Leben, besonders deine Ex oder deinen Ex. Habe ich recht?

Nichtsdestotrotz ist es wahr, denken wir etwa an Neugeborene. Neugeborene und Kleinkinder drücken ihre Liebe auf überraschendste Weise aus. Und ihnen steht nichts im Weg. Rein gar nichts.

Aber wenn wir älter werden, blockieren verschiedene Erlebnisse in unserem Leben und unsere Umgebung diese Liebe zunehmend, sodass wir Schwierigkeiten haben, uns so liebevoll auszudrücken, wie wir es sonst könnten.

Was ist mit »bösen« Menschen? Nun, zum einen ist »böse« ein krass überstrapaziertes Wort, viel zu oft wird es auf Situationen angewandt, die unpassend sind. In den meisten Fällen trifft es nicht nur nicht zu, es verschärft die Situation zusätzlich. Zum anderen sollten wir erkennen, dass wir zwar alle den gleichen Ausgangspunkt für unseren Weg haben, wir anschließend aber alle einen anderen Weg nehmen. Manche Menschen geraten dabei allerdings aus der Spur; ihre Gedanken, Emotionen und Verhaltensweisen führen sie in eine anfänglich lediglich ungesunde und schließlich in eine sehr dunkle und zerstörerische Richtung. Jedoch sprechen wir von einem insgesamt winzigen Teil der Weltbevölkerung, auf den dadurch das Wort »böse« zutrifft. Lass uns also besser rasch wieder zu deinem eigenen Elend und deinem Leben zurückkehren.

Wie du sicher selbst weißt, fällt es uns allen nicht schwer, sauer, defensiv oder in strategischer Weise auf Liebe in all ihren Formen zu reagieren: Mal haben wir schlechte Laune, mal haben wir den Anspruch, alleiniger Herr unseres Lebens zu sein, im Recht zu sein oder zu wissen, wie die Welt angeblich funktioniert, und mal halten wir unsere Liebe zurück oder nutzen sie als Waffe, um eine Situation so zu gestalten, wie wir es wollen. Es geht um Macht, Macht und wieder Macht – auch dann, wenn du dich fühlst, als wärst du das »Opfer« in der Beziehung.

Da sind die längst vergessenen Entscheidungen, die du als Teenager oder als junger Erwachsener getroffen hast, als du gedemütigt, verletzt oder zurückgewiesen wurdest. Solange die Erinnerung weiterlebt, sinkt das, was du damals entschieden hast, ins Fundament deiner Gedanken und treibt dich so auf die eine oder andere Weise an. Dann gibt es die Enttäuschungen und Tragödien, die sich unbewusst angehäuft haben, irgendwann die Richtung ändern und dich daran hindern, dich selbst auszudrücken. Du bist einfach nicht mehr du selbst. Du bist eine Version von dir selbst – und es ist nicht immer eine Version, die du besonders liebst, egal, wie selbstbewusst du das verkaufst.

Vielleicht möchtest du hier innehalten und darüber nachdenken, was dir im Weg steht, wenn es um Liebe geht. Mit anderen Worten: Was ist deine Geschichte? Wie erklärst du die Mauern zwischen dir und den anderen Menschen in deinem Leben? Du hältst an deiner Sichtweise fest, beharrst auf deinen Gründen und rechtfertigst dich immer mehr. Wie konnte dich all das stärker definieren als das, wer du wirklich bist? Wir sind alle Menschen, wir alle erfahren unser Leben aus unserer eigenen kleinen privaten Blase heraus, aber oft verteidigen wir diese dumme kleine Blase so lange, bis wir mit anderen Menschen brechen und im Groll stehen.

Doch wofür? Um recht zu haben? Oder warte … sag's nicht – um dich selbst zu schützen?

Ich würde mich niemals selbst so herabsetzen und die Verantwortung dafür, wofür ich stehe und wer ich bin, auf das Verhalten eines anderen abwälzen. Ich bin eine verdammte Naturgewalt und du bist es auch. Fang also an, dich so zu verhalten.

Ich kann es nicht ausstehen, wenn man mich auf einen Sockel stellt und glaubt, genau zu wissen, wer ich bin und für was ich stehe. Daher würde ich mit zweierlei Maß messen, wenn ich von dir auch schon eine vorgefasste Meinung hätte, stimmt's? Du kannst nicht dein Leben lang darum kämpfen, akzeptiert zu werden, und gleichzeitig andere nicht für das akzeptieren, was sie sind.

Deshalb sehe ich es als meine Aufgabe an, meine persönlichen Gedanken über andere ständig zu unterbrechen und sie stattdessen durch Mitgefühl und Verständnis zu ersetzen. Ich kann nicht das Leben eines anderen beurteilen, und du kannst es verdammt noch mal auch nicht, Pontius.

Die Menschen tun, was sie tun; das ist ganz ihre Entscheidung. Ich bin zu sehr mit meinem eigenen Leben beschäftigt, um einen Schritt zurückzutreten und mir die Zeit zu nehmen, über das Leben eines anderen zu urteilen. Aber zweifellos entwickeln sich Menschen mit der Zeit auf eine bestimmte Art und Weise, und das geschieht so schleichend und mächtig, dass man es oft nicht mitbekommt. Versuch es mit Verständnis. Du könntest eine Überraschung erleben.

Ich packe hier mal zwei Beispiele von entgegengesetzten Extremen aus. Manche Menschen wirken so kalt und so distanziert, dass sie oft andere mit ihrem scheinbaren Mangel an Zuneigung verletzen. Sie kämpfen zudem für ihren Abstand zum anderen. »Ich bin so glücklich« kann man alternativ auch als »Ich fühle mich so sicherer« interpretieren. Eine Sicherheit der Isolation oder Unwissenheit, die sich hinter Gleichgültigkeit versteckt. Geboren worden sind diese Menschen auf diese »Weise« aber nicht. Ganz im Gegenteil.

Auf der anderen Seite gibt es diejenigen, die zu anhänglich sind, an ihrem Partner regelrecht »kleben« und ihr Gegenüber mit ihrem ständigen Verlangen nach Aufmerksamkeit ersticken. »Mir geht es gut, geht's dir gut? Bei uns alles gut? Dir geht's doch nicht gut? Mir geht's nicht gut!« Die Angst der Verzweiflung. Leider landet irgendwie die gezeigte Liebe nie ganz bei dieser verzweifelten Seele. Wenn man darüber nachdenkt, geht das auch gar nicht, denn sie hat ihr Leben unwissentlich dem Ziel gewidmet, »ohne Liebe« zu leben.

Hier also was zum Nachdenken und Grübeln: Menschen sind NIEMALS festgefahren. Das Einzige, was an einer Person festgefahren ist, ist das, worüber sie spricht und was für eine Geschichte sie von sich selbst hat. Wir verfangen uns in unseren Geschichten und unseren Beschreibungen des Lebens. Diese Art von Hängenbleiben führt dazu, dass wir unser Leben immer nur aus der gleichen Perspektive sehen, mit denselben vorhersehbaren Lösungen für dieselben alten Geschichten, immer und immer wieder. Du steckst nicht fest; dein Gespräch läuft in Dauerschleife.

Wenn du also an etwas leidest, was sich wie ein Mangel an Liebe in deinem Leben anfühlt, geht es nicht darum, Liebe zu »finden«. Du kannst nicht einfach rausgehen und sie von einem Baum rupfen oder nach drei Cocktails in einer Bar mit nach Hause nehmen. Und nein, Liebe ist auch nicht »da draußen« auf einer Dating-Website und du findest sie auch nicht in der Person, der du dich an den Hals wirfst, nachdem deine aktuelle Partnerin gerade zur Tür raus ist.

Du musst zuerst dich selbst betrachten und lernen, mit dem umzugehen, was dir im Weg steht. Erst dann lernst du auch, deine Liebe vollständig auszudrücken und dich den Aufmerksamkeiten eines anderen auszusetzen – und das alles auf eine reife und nährende Art und Weise. Das ist ein Weg, der funktioniert.

Benutze die Sätze im nächsten Kapitel, um zu einem neuen mentalen Verständnis der Liebe zu gelangen. Wenn wir unsere Perspektive auf die Liebe ändern, dann ändert das die Art, wie wir über Liebe sprechen; es ändert die Geschichten, die wir erzählen. Und diese verändern unser Handeln. So kannst du dabei zuschauen, wie deine Beziehungen in dieser neu gefundenen Beziehung zur Liebe und in allem, was sie bietet, wachsen und gedeihen.

Sei Liebe

Es ist natürlich nicht so, dass du in diesem Buch alles über die Liebe erfährst und dann plötzlich eine verdammte Liebesmaschine bist oder vor Zen nur so triefst. Vielleicht verteidigst du bereits deine bestehende Vorstellung davon, was Liebe ist und was sie nicht ist oder was sie sein sollte oder nicht sein sollte. Möglicherweise kämpfst du schon damit, das, was ich hier gesagt habe, in dein jetziges Leben einzupassen. Und das ist ja irgendwie die Idee hinter dem Ganzen! Wenn du bereits in die Defensive gehst, macht das, was du verteidigst, einen großen Teil in deinem Leben aus. Jetzt ist der Moment, in dem du deine Ideen und Überzeugungen über die Liebe neu erfinden kannst. Jetzt kannst du anfangen, in deinem eigenen Kopf und in deinem Leben eine Umgebung aufzubauen, in der deine Beziehung zur Liebe sowohl gesund als auch belebend ist.

Wirst du von anderen enttäuscht werden, wenn du dich für die Liebe entscheidest? Wahrscheinlich, ja. Werden die Menschen immer so auf dich reagieren, wie du es willst? Nein. Solltest du Liebe benutzen, um die anderen Menschen zu verändern? Nein, aber wenn du das tun würdest, wäre es auch nicht Liebe, sondern lediglich Vortäuschung von Liebe, um ein Ergebnis zu erzeugen, was wiederum deine Liebe unecht macht. »Benutze« die Liebe **niemals** als Strategie oder als Waffe. Spiele keine Spielchen. Das ist was für Dummköpfe und Scharlatane.

Wahre Liebe sucht nichts im Gegenzug. Sie ist keine Last und sie ist auch nicht mit Wünschen oder Bedürfnissen behaftet. Sie ist magisch und einzigartig und braucht nur ein Ventil, einen Ort, um sich zu entfalten. Es liegt an dir, sie zum Ausdruck zu bringen.

Bring sie hell und kühn zum Leuchten, im Angesicht aller Hindernisse und Probleme, die das Leben dir zwischen die Füße wirft.

Du suchst nicht die Liebe in einem anderen Menschen, du wählst es, selbst die Liebe *mit* einem anderen Menschen zu sein. Dabei ist es ganz wichtig, zu begreifen und zu akzeptieren, wen du zu lieben wählst. Das ist nämlich deine verdammte Wahl. Und es braucht wirklichen Mut, jemanden zu lieben. Es braucht Mut, dieser Verletzlichkeit ausgesetzt zu sein, um im Gegenzug absolut nichts dafür zu bekommen. Aber es braucht auch die gleiche Art von Mut, zuzugeben, dass du nicht mehr bereit bist, eine Person zu lieben – besonders dann, wenn du nicht erst Beweise dafür sammelst, dass diese Person für deine missliche Lage verantwortlich ist, sondern wenn du das manchmal überwältigende Bedürfnis, dies zu tun, hinter dir lässt.

Warum solltest du einen anderen Menschen lieben? Weil du es kannst. Punkt.

Stell dir also vor, du hättest die Liebe in deinem Leben wirklich *im Griff*. Du wärst frei, deine Liebe zu Menschen auszudrücken, du wärst in der Lage, deinen Groll oder Ärger zu begraben, und du würdest das Bedürfnis, recht zu haben, ziehen lassen, sodass du offen und verständnisvoll sein und deinen alltäglichsten, egoistischsten Überlebensblödsinn beiseiteschieben könntest.

Was wäre, wenn du dich davon befreien könntest, zu beurteilen, wie andere dich lieben oder nicht lieben? Was wäre, wenn du es hinter dir lassen könntest, nach Anerkennung zu suchen oder deine Bedürfnisse auf jemand anderen zu übertragen?

Was wäre, wenn du einfach nur sein könntest? Lieben könntest.

4

Die Weisheit von Liebe

Du erschaffst mehr Liebe in deinem Leben, indem du liebst, nicht indem du sie in anderen suchst.

WEISHEIT #1

»Die Liebe liegt in der Verantwortung der Person, die sie im Sinn hat.«

Wir verbringen einen Großteil unseres Erwachsenenlebens damit, andere Leute für das zur Rechenschaft zu ziehen, was eigentlich wir wollen. Wenn unser Umfeld nicht so handelt, wie wir es uns vorstellen, wenn es uns nicht gibt, was wir möchten, dann ist das ein großes Problem. Wir sind von unseren Wünschen und Bedürfnissen förmlich hypnotisiert worden. Wir hocken verloren in den hintersten Ecken unserer tiefsten Ängste, bewaffnet lediglich mit Resignation und Groll und angeheizt durch ein Fass ohne Boden, das wir mit dem füttern, was wir als fair und »richtig« erachten. Wie können es die anderen bloß wagen, diese Bande von Arschlöchern?

In meiner beruflichen Laufbahn habe ich miterlebt, wie viele Beziehungen einfach deshalb zerbrachen, weil eine Person (obwohl es manchmal beide tun) ständig auf die andere geschaut hatte, um die Liebe zu bekommen, nach der sie selbst suchte. Es war ein nie endendes Spiel von Beurteilung und Schuldzuweisung, eine emotionale Achterbahn, ob man etwas bekommt oder nicht bekommt.

Denk mal darüber nach: Wenn du dich beschwerst (entweder lautstark oder im stillen Groll deiner eigenen Gedanken), dass jemand anderes dir nicht das geben will, was du willst, bürdest du deinem Gegenüber die Last auf. Es ist jetzt *seine* Aufgabe. Er muss dafür sorgen, dass du dich geliebt, gewollt oder wichtig *fühlst*. So schleichen sich Verzweiflung und/oder Resignation ein.

»Du unterstützt mich nicht!«

»Du liebst mich nicht!«

»Du kümmerst dich nicht um mich!«

Du kannst genauso gut einfach schreien: »MACH, DASS ICH MICH BESSER FÜHLE!«

Leider funktioniert das Leben nicht ganz so. Zumindest wird dir dieses Verhalten nicht wirklich das bringen, was du in deinem Leben willst – in diesem Fall Liebe. Bei anderen nach dem zu suchen, was du »brauchst«, wird niemals die Leere in dir füllen. Da wird immer ein leerer Raum in deiner Magengrube oder in einer Ecke deines Herzens sein.

Ich möchte an dieser Stelle direkt eine schlechte Weisheit aufdecken – und vor allem eine sehr verbreitete. Die Aussage »Liebe ist Geben und Nehmen« führt dazu, dass du zu verschiedenen Zeitpunkten im Leben dasitzt und beurteilst, wie dein eigener Partner sich verhält, während du genüsslich die Male zählst, die du mehr getan hast. Das ist eine Einstellung, verpackt in eine schlechte Weisheit, die eher trennt als verbindet.

Ich weiß, ich weiß, eigentlich klingt die Aussage erst mal nach einer guten Idee.

In Wahrheit liegt das Problem, wenn du nicht genug Liebe in deinem Leben hast, aber bei dir. Immer. Liebe ist kein Ziel, an dem man ankommt, und sie ist auch kein Schmuckstück, das man irgendwie finden und sammeln kann. Liebe ist ein Ausdruck. Du erschaffst mehr Liebe in deinem Leben, indem du *liebst*, nicht indem du sie in anderen suchst. Und wenn du nicht damit zufrieden bist, wen du besonders lieben *solltest*, dann ist auch das deine Schuld. Du bist das Phänomen, das du selbst erzeugt hast, ein verdammtes Wunder des Seins, erinnerst du dich? Wenn du Liebe teilst, dann ist das eine Gelegenheit für dich, deine Liebe auszudrücken; deine Fähigkeit, Liebe zu teilen, ist grenzenlos.

Du teilst deine Liebe niemals als eine Art Manipulation oder Strategie, damit andere sich ändern oder das Spiel spielen, das du spielen willst. Du liebst, weil du es kannst. Das ist schon alles.

Nun, du und ich, wir wissen beide, dass eine Beziehung sehr viel einfacher wird, wenn die Person, mit der du zusammen bist, das alles auch versteht, das heißt, wenn auch sie *ihre* Liebe mit *dir* ausdrücken kann. Leider wissen wir auch, dass das nicht immer der Fall ist. Was macht man also, wenn das passiert? Was macht man, wenn man sich auf einer Einbahnstraße befindet?

Man liebt.

Man liebt, bis man nicht mehr bereit ist zu lieben, und in diesem einen Moment ist man mutig genug, es sich selbst und anderen gegenüber einzugestehen und kraftvoll mit den Konsequenzen umzugehen, dass man das Ganze nun nicht mehr will.

Ich möchte, dass du über das eben Gesagte ein bisschen nachgrübelst und es sacken lässt. Wann immer du Liebe von einem anderen »fühlst«, mach dir bewusst, dass es eigentlich du bist, der Liebe ausdrückt. Die Liebe wird dir weder gegeben noch empfängst du sie. Nein, es bist tatsächlich du, der die Liebe in diesen Momenten und in jedem Moment des Lebens bis zu deinem Tod hervorbringt.

Tauche hier ein in diese Vorstellung. Was sind die Auswirkungen davon? Was bedeutet es für dich, wenn du diese Vorstellung mit deinem aktuellen Leben vergleichst? Woher kommt diese Liebe?

»Du kannst keine Liebe ›besitzen‹.«

Tja, das war's dann wohl mit jeder Liebeskomödie, die jemals gedreht wurde. Tut mir leid, Leute.

Diese Aussage ist ganz schön wagemutig, oder? Nicht wirklich, jedenfalls nicht, wenn man sich Zeit gibt, darüber nachzudenken.

Wir sind alle in eine Welt hineingeboren, in der die Liebe romantisiert, gejagt und umkämpft wurde. Es ist also kein Wunder, dass wir bereitwillig einige der allgemein akzeptierten »Aberglauben« über die Liebe verinnerlicht haben.

Du hast richtig gelesen: Aberglaube.

Wie du von Liebe denkst, ist meist ungefähr so real wie der Sonnenaufgang (Überraschung: Die Sonne geht nicht auf; die Erde bewegt sich um die Sonne, du erinnerst dich sicher?) oder all das Zeug über schwarze Katzen, Risse im Bürgersteig (Mütter auf der ganzen Welt stoßen gerade einen riesigen Seufzer der Erleichterung aus, hurra) oder das Verschütten von Salz und die dringende Notwendigkeit, eine Prise davon über die Schulter zu werfen, um die sich gierig nähernde satanische Bestie abzuwehren, die ein NSYNC-T-Shirt trägt. Hey, ja genau, das ist mein Teufel, ich darf sagen, wie er gekleidet ist.

Es gibt viele Dinge in diesem Leben, denen du nachgehen könntest. Geld. Ja, das kann man irgendwie »besitzen«. Einen Job, ja, den kann man theoretisch auch besitzen. Abschlüsse, Autos, neue Schuhe, den Körper, den du willst, die Beförderung, auf die du aus bist, und so weiter, und so weiter, und so weiter.

Aber keine Liebe.

Du kannst Liebe nicht »besitzen«.

Ich meine, komm schon! Wo zum Teufel würdest du sie aufbewahren? (Sag nicht in deinem verdammten Herzen; ich mag leicht romantische Bilder ebenso wie du, aber in der Realität ist dein Herz nur ein riesiges Organ, das Blut pumpt.)

Liebe ist auch kein Ziel. Warum? Wenn Liebe etwas ist, auf das man abzielt, was bringt dir das im Hier und Jetzt? Verzweiflung. Dann wärst du für die nächsten paar Jahrzehnte gefangen im Auf und Ab aus Verzweiflung und Nichtverzweiflung. Vielleicht hast du hier sogar bereits Erfahrung und kannst leicht bezeugen, dass es unerbittlich auszehrt und Energie frisst, Liebe als Ziel zu verfolgen.

Du suchst nach Liebe? VERDAMMT, HÖR AUF DAMIT, ALTER!!! Hast du nicht aufgepasst?

Nutze deine Fantasie; bade in der Vorstellung, Liebe zu »besitzen«. Die Gegenwart von Liebe zu erkennen, ist nicht schwer; es ist tatsächlich genauso leicht, wie die Gegenwart von Ärger, Gleichgültigkeit oder Abneigung bei dir selbst zu identifizieren. Was haben all diese Dinge gemeinsam? Es sind jeweils Erfahrungen deiner eigenen Menschlichkeit. Du wirst auch bemerken, dass sie kommen und gehen; sie steigen und fallen, manche regelmäßiger, als dir lieb ist, andere weniger regelmäßig.

Je mehr du dich von dem Druck befreist, Liebe zu besitzen, desto mehr Raum wirst du haben, Liebe auszudrücken – und Liebe auszudrücken, ist ohnehin die einzige Art von Liebe, bei der du etwas zu sagen hast. Wenn die Liebe in deinem Leben das Produkt deines Selbstausdrucks ist ... was sind dann die Grenzen?

Dies ist wahrscheinlich ein guter Moment, damit du ein wenig darüber nachdenkst.

Beginne mit so etwas wie: »Wie verändert diese Erkenntnis die Art und Weise, wie ich meine vergangenen Beziehungen betrachte? Und wie könnte ich mich mit meinem neuen Wissen zukünftigen Beziehungen annähern?«

Erlaube dir die Zeit und den Raum, diese Vorstellung von Liebe zu deinen eigenen Bedingungen zu erforschen. Nur so kannst du einen Ort finden, an dem du dich einrichten und dein Leben nach diesem Versprechen neu anfangen kannst.

»Vollkommene Liebe drückt man nur dann aus, wenn man einen anderen so liebt, wie er geliebt werden möchte.«

Normalerweise lieben wir die Menschen so, wie wir denken, dass wir sie lieben sollten.

Es gibt eine Art Standard oder Modell, das wir im Kopf haben, was Liebe ist und wie sie aussehen soll. Genau diesem Modell folgen wir in unseren Beziehungen, und über genau dieses Modell streiten wir auch am meisten. Viele Menschen wissen nicht einmal, dass sie ihr Liebesleben an ihrem unbewussten Modell messen, daran, wie es »sein sollte«.

Das Modell ist ein Flickenteppich deiner eigenen Ansichten und Meinungen, du hast ihn im Laufe deines Lebens zusammengeschustert, indem du beobachtet hast, wie sich die Liebe in deiner Familie, unter deinen Freunden und in deinen früheren Beziehungen abgespielt hat. Auch der kulturelle Einfluss ist groß: Soziale Sitten von dort, wo du aufgewachsen bist, und sogar Liebespaare aus der klassischen Literatur oder aus Liebesfilmen haben ihren Weg in deine Vorstellungen darüber, wie man liebt, gefunden.

Unglücklicherweise hat die andere Person – du weißt schon, diejenige, die du lieben *solltest* – oft nicht genau die gleichen Vorstellungen davon, wie diese Liebessache aussehen soll.

Vielleicht denkst du, Händchenhalten ist kitschig oder sentimental, aber es bringt das Herz der anderen Person ins Flattern. Vielleicht hast du das Gefühl, dass jedes Gespräch mit Liebesbekundungen und Kosenamen gespickt sein sollte, während dein Partner denkt, die tiefste Liebe besteht darin, sechzig Stunden pro Woche zu arbeiten oder etwas zu tun, was oberflächlich betrachtet nicht »ICH LIEBE DICH« schreit.

Zum Glück gibt es für uns normalerweise viele Überschneidungen. In westlichen Ländern zum Beispiel betrachten fast alle von uns einen Kuss auf die Lippen als eine romantische Geste. Aber es gibt auch viele Abweichungen.

Deshalb haben wir alle schon einmal Erfahrungen gesammelt, bei denen wir danebenlagen: etwa als wir versucht haben, unsere Liebe auf eine bestimmte Art und Weise zu zeigen, oder als wir etwas getan haben, das wir für liebevoll hielten, das aber nicht so ankam, wie wir es uns erhofft hatten. Im schlimmsten Fall kann es total nach hinten losgegangen sein. In solchen Fällen hat unsere Art zu lieben nicht zu dem gepasst, was die andere Person suchte.

Zwei Menschen, zwei unterschiedliche Vorstellungen, und zwar nicht nur davon, wie man liebt, sondern auch davon, wie man selbst tatsächlich geliebt werden will.

Hast du jemals darüber nachgedacht? Wie möchtest du geliebt werden? Ich meine es ernst: In deiner engsten Beziehung, wie stellst du dir da Liebe vor?

Der einzige Weg, sich zu verbinden, sich wirklich mit der anderen Person zu verbinden, ist, die Liebe auf eine Weise auszudrücken, die für die andere Person funktioniert. Und das herauszufinden, ist wirklich nicht schwer – frag sie einfach. Du kannst die Frage danach ganz direkt stellen oder du kannst es auf indirektere Weise erspüren, um eine Vorstellung davon zu bekommen.

Von da an liegt die echte Herausforderung darin, dass du selbst dein Inneres quasi entblößt, um dich der Liebe so zuzuwenden, wie die andere Person es will. Es ist eine Herausforderung, die es wert ist, denn es ist der einzige Weg zu einer starken, echten Beziehung.

»Wenn jemand sagt, dass er dich nicht liebt, hat das nichts mit dir zu tun.«

Nein, wirklich. Eigentlich ist damit bereits alles gesagt.

Dies ist so nah an einer »Wahrheit« dran, wie es überhaupt geht. Schreib es dir hinter die Ohren. Das heißt allerdings nicht, dass du Mitleid mit der anderen Person haben musst oder dich mit ihrem Kampf identifizieren oder deine »verpasste Gelegenheit« beklagen musst.

Zieh weiter. Begib dich zurück aufs Spielfeld, und zwar auch dann, wenn dich die andere Person beschuldigt, und das wird sie höchstwahrscheinlich tun. Wenn sie dir nicht die Schuld gibt, wird sie garantiert auf irgendeinen Umstand oder ein Geheimnis des Universums verweisen, um zu erklären, warum sie so handelt, wie sie handelt. Egal wie, übernimm die Verantwortung für deine eigenen Handlungen, lerne aus der Erfahrung und räume, wo es angebracht ist, dein Chaos auf.

Wenn die Liebe für den anderen einfach nicht »da« ist, ist es nicht deine Aufgabe, ihn zu überzeugen und zu bekehren. Verabschiede dich von dieser Idee, egal, was du im Fernsehen gesehen oder in Zeitschriften gelesen hast. Hör auch auf, nach »Hinweisen« in den Verhaltensweisen oder Kommentaren des anderen zu suchen, egal, wie verlockend das erscheint. Du legst damit dein Leben nur auf Eis und verzögerst die Magie der Zukunft, die vor dir liegt. Lass dich heilen und komm so schnell wie möglich über dich selbst hinweg. Auf jede Person, die durchgehalten hat und es auf wundersame Weise geschafft hat, eine Beziehung zu verändern, kommen dreißig Trillionen andere, die dabei zugeschaut haben, wie ihr Leben in die Brüche ging, und zwar in einem Mischmasch aus schmerzhaft peinlichen Momenten und durchweinten Nächten mit Freunden – und in schlimmen, zum Glück seltenen Fällen sogar mit einer einstweiligen Verfügung im Gepäck.

Menschen versuchen in Beziehungen durchzuhalten, weil sie zum einen glauben, dass die Liebe etwas Seltenes ist, und zum anderen, dass man die Liebe nur von einem anderen Menschen bekommen kann. Aber da draußen auf unserer Erde leben ganz viele wunderbare Menschen, und du hast die Möglichkeit, deine Liebe mit allen von ihnen auf eine einzigartige und befriedigende Weise auszudrücken. Die Art von Liebe ist dabei selten gleich, aber das schränkt ihr Potenzial und ihre Magie nicht ein. All diese Menschen sind verdammt großartig.

Die Liebe kommt erst dann an ihre Grenzen, wenn du eine Liebe mit einer anderen vergleichst. Du wirst niemals eine Erdbeere genießen, wenn du weiterhin erwartest, dass sie wie der Käse schmeckt, den du vorher hattest. All die Lieben deines Lebens sind immer noch Liebe.

Gib ihnen alles, und wenn sie nicht mehr daran teilhaben wollen, lenke deine Aufmerksamkeit auf diejenigen, die es tun.

*»Das Geheimnis der Liebe ist,
jemanden für das zu lieben,
wer er ist.«*

Ich war fast fertig mit dem Schreiben dieses Buches – tatsächlich befand ich mich bereits tief in der Bearbeitungsphase –, als meine Mutter plötzlich starb.

Der Drang, etwas über sie und ihren Einfluss auf mich zu teilen, war überwältigend, und mein erster Gedanke war, diese Worte in den Abschnitt über »Verlust« aufzunehmen.

Entstanden wäre jedoch ein Zerrbild – und du hättest eine Gelegenheit verpasst.

Aber wie du siehst, hatte ich Glück. Etwas mehr als zehn Jahre vor dem Tod meiner Mutter wachte ich nämlich auf, beendete meine dreißigjährige Selbstmitleidsphase und übernahm die Verantwortung dafür, wie meine Beziehung zu ihr lief. Diese neue Haltung veränderte alles. Meine Mutter änderte gar nichts. Ich schon.

Viele Menschen glauben, dass sie die Verantwortung für ihre Rolle in einer Beziehung bereits übernommen haben. Gleichzeitig suchen sie ständig Erklärungen dafür, warum wichtige

Beziehungen in ihrem Leben nicht funktionieren. Das ist ein Problem!

Fang mit der Idee an, dass deine Beziehungen nicht funktionieren. Versuch einmal zu erkennen, dass dich dieser Ansatz zu einer kleineren Ausgabe von dir selbst macht und dass du dich an bestimmte Aspekte von dir so gewöhnt und sie unhinterfragt hingenommen hast. Vielleicht bist du sogar ziemlich überzeugt davon, dass das alles gar kein Problem ist. Solange man nicht endlich frei ist, ist es schwer, zu erkennen, dass man gefangen ist.

Frei von was? Deinem kostbarsten Gut. Deinem Standpunkt. Die eine Sache in deinem Leben, für die du alles und jeden quasi über Bord werfen würdest.

Leg deine Geschichte endlich frei und löse sie auf. Lass diese allzu mächtige Vorstellung darüber, wie die Dinge sind oder waren und wie sie sein sollten oder hätten sein sollen, hinter dir. Stelle dich dem wirklichen Trauma, das dir ins Gesicht geschrieben steht und das du dir selbst zugefügt hast, und übernimm die Verantwortung dafür. Ja, du, schließlich lebst du bis zum bitteren Ende ununterbrochen mit dir selbst. Wenn du nämlich das schaffst, dann bringst du dich selbst in eine sehr mächtige Position. An einen Ort der Schöpfung. Hier erhältst du ein wirkliches Mitspracherecht, wie all deine Beziehungen ablaufen.

Und das ist genau das, was ich getan habe.

Ich habe mich entschieden, meine Mutter zu lieben. Alles an ihr. Vergiss diesen Schwachsinn von wegen »Positives finden«

oder »gesunde Grenzen«. Ich verliebte mich Hals über Kopf in die Idee der Liebe und ging aufs Ganze.

Ich entschied mich dafür, zu bewundern, anstatt mich zu ärgern; ich setzte auf Verständnis statt auf Reaktion, auf Liebe statt auf alles andere.

Und bei alldem blieb meine Mutter dieselbe. Sie blieb sie selbst. Sie veränderte nichts an sich. Ihr Temperament, ihre Stimmungen, ihr Verstand und ihre Handlungen – alles blieb gleich. Ich verliebte mich in das, was sie war. Ich verschwendete mein Leben nicht länger, indem ich irrsinnigerweise irgendetwas bedauerte oder bereute oder indem ich mich der kräftezehrenden Vorstellung von dem hingab, wie ich wollte, dass meine Mutter war. Sie erhob sich plötzlich direkt vor meinen Augen. Ihre Unerbittlichkeit, ihr Trotz und ihre Kraft, ihre Macht und ihr Antrieb.

Ich verliebte mich in die Mutter, die ich hatte. Rums.

Und das ist das »Geheimnis« der Liebe. Zu lieben, wer jemand ist, seine Menschlichkeit, seine Schwächen, seine Vergangenheit, seine Unvollständigkeiten und seine Ansichten. Du musst nichts von dem Zeug des anderen als dein Zeug übernehmen, du brauchst kein Fußabtreter oder Opfer von irgendetwas zu werden. Hier geht es nur um die Freiheit, du zu sein. Und die bekommst du, indem du anderen die Freiheit gibst, *sie selbst* zu sein.

Probiere es aus. Liebe, wer die anderen sind, alles davon, und sieh zu, wie sich das bisherige Drama in deinem Leben in Luft auflöst.

Gib dir selbst Zeit, darüber nachzudenken, und vertiefe das, worüber wir hier gesprochen haben. Vielleicht möchtest du noch einmal ein paar Seiten zurückblättern bis zu den Stellen, die dir entgegengesprungen sind. Denke nach, mach dir Notizen, sauge deine Gedanken dazu auf. Denke daran, dass die Worte, die diese Seiten füllen, nicht nur die Gegenwart, sondern auch die Zukunft revolutionieren könnten. Doch all das wird nur dann von Bedeutung sein, wenn du ihm Bedeutung schenkst.

Hier bietet sich dir dein Einstieg. Nutze ihn.

5

Verlust

*Du kannst dich immer dafür ent-
scheiden, dich so mit dem Verlust
auseinanderzusetzen, dass er dich
stärkt, statt dich zu ersticken.*

So ziemlich alles, was du jemals über Verlust gelernt hast, ist eine verdammte Lüge.

Das Thema wurde in einen nie infrage gestellten kulturellen Klischeekokon gehüllt und reichlich mit Aberglauben, Angst und Mitleidskarten gespickt.

Meist verbinden wir Verlust mit dem Ableben eines wichtigen Menschen oder anderen Wesens in unserem Leben, sei es der Ehepartner, ein Familienmitglied, ein Freund oder etwa ein Haustier. Wir bezeichnen dies gemeinhin als »jemanden verlieren«, und wir trauern über diesen Verlust. Macht ja auch Sinn, oder?

Gleichzeitig gibt es noch eine andere Art von Verlust, die deine Zukunft genauso leicht zerstören kann. Allerdings sind die Auswirkungen solcher Verluste so subtil, schleichend und alles einnehmend, dass du sie kaum bemerkst – bis du förmlich an ihnen erstickst. Und darüber hinwegzukommen, scheint genauso unmöglich, wie über einen geliebten Menschen hinwegzukommen.

Ob der Verlust eines Traumes oder einer Gelegenheit, ob das Scheitern einer Antwort auf deine gegenwärtige missliche Lage oder Situation: Wir trauern eigentlich um Dinge, die passieren sollten, aber aus welchem Grund auch immer nicht passiert sind. Selbst wenn es sich nicht immer wie der dunkle Abgrund des »Trauerns« *anfühlt*, so haben auch solche Verluste ohne Zweifel sehr reale und schädliche Auswirkungen, gerade wenn sie nicht anerkannt und auf gesunde Art und Weise behandelt werden. Die meisten Menschen glauben, dass sie über dieses »Zeug« ziemlich schnell hinwegkommen können, aber die Wahrheit ist: Sie tun es nicht. Du tust es nicht. Wenn du sagst, du »kommst darüber hinweg«, dann sagst du in Wirklichkeit: »Ich ignoriere das hier jetzt und gehe zu etwas anderem über.« Damit lebt dieser Verlust aber im Hintergrund deines Denkens weiter, schiebt dich in die eine oder andere Richtung und spielt so eine Rolle in deinem Leben, die du dir nicht mal vorstellen kannst. In einer Scheiße wie dieser können wir jahrelang zubringen, und die Auswirkungen sind oft katastrophal: Unser Leben wird auf Eis gelegt oder auf den Kopf gestellt; oder wir warten vergebens auf eine Veränderung, die nie kommt. Wir sind voller Bedauern. Voller Enttäuschung. Manchmal auch voller Groll.

Materialisieren sich Dinge, die wir haben wollten, nicht oder geschehen Ereignisse, die wir brauchen oder uns wünschen, einfach nicht, dann entsteht zwar kein materieller Verlust, auf den wir hinweisen können, aber wir fühlen trotzdem dieses *Gefühl* des Verlustes. Irgendwann nistet sich dieses Gefühl so ein, dass wir gar nicht mehr merken, wie sehr wir »drinhängen«. Dieses Leiden ist freiwillig, ob du es glaubst oder nicht.

Vielleicht ist deine Ehe oder Beziehung nicht so verlaufen, wie du es erwartet hast, vielleicht denkst du, es wäre der Job oder das Haus oder der eine Plan gewesen, der all deinen Scheiß gelöst hätte. Vielleicht ist der Traum von einem Bestseller, den du schreiben wolltest, nicht ganz wahr geworden und dich hat stattdessen die kalte Realität deines Lebens gepackt.

Und dann wären ja da noch die Tiefen deiner Kindheit – deine Kindheit war nie so, wie du sie deiner Meinung nach verdient hättest.

Du siehst also: Es gibt auf der einen Seite den wirklichen, physischen »Verlust«, wenn jemand stirbt. Und der kann schmerzhaft entmachtend und alles verzehrend sein. Aber es gibt auch die Art von Verlust, bei der etwas verloren gegangen ist, das überhaupt nicht greifbar ist. Das Einzige, was hier »verloren gegangen« ist, ist eine Idee, ein Potenzial oder ein Gefühl, aber nichts Physisches. Man spricht oft über den Verlust der Hoffnung; dabei ist »Hoffnung« in Wirklichkeit oft nichts anderes als ein positives Gefühl, das man heraufbeschwört, um mit irgendeinem aktuellen Scheißdrama des Lebens fertigzuwerden. Wenn du jemand bist, der sich auf die Hoffnung verlässt, um es durchs Leben zu schaffen, dann gib die Hoffnung auf und fang endlich an, ein paar neue Maßnahmen zu ergreifen. Es mag dir beängstigend und wie die Hölle selbst vorkommen, sogar schmerzhaft, aber die Wahrscheinlichkeit, damit Erfolg zu haben, ist einfach höher, als wenn du in herausfordernden Situationen lediglich die »Pille« Hoffnung einwirfst.

Gelegentlich wirst du dich trotzdem nach einer vor Urzeiten verflossenen Liebe sehnen, und sie haut eine Blockade mitten in deine aktuelle Beziehung. Du verbringst endlos Zeit damit, zurückzuschauen, zu grübeln, zu träumen, zu vergleichen und eine Geschichte aufzubauen – und damit resignierst du immer mehr in dem Leben, in dem du dich gerade befindest, und brennst weiter nach dem, das du ursprünglich erwartet oder erhofft hast.

Du, mein Freund, lebst in einer verdammten Fantasie. Es ist Zeit aufzuwachen!

> *Der schmerzhafteste Zustand*
> *des Seins ist die Erinnerung*
> *an die Zukunft, besonders an die,*
> *die du nie haben wirst.*
>
> Søren Kierkegaard

Trauern und Wachsen

Nun, zu trauern ist ein vollkommen natürlicher Teil der menschlichen Existenz. Du kannst dieses Leben nicht durchstehen, ohne dass Verlust ein Teil davon wird. Keine Chance. Und es ist völlig angemessen, über einen Verlust zu trauern, egal, ob jemand stirbt oder ob eine große Hoffnung oder ein Traum zu Ende geht. Es ist auch egal, ob du um deine eigene schwindende Gesundheit trauerst oder weil jemand weggeht, den du liebst. Dagegen müssen wir nicht ankämpfen. Der Verlust verdient seinen Raum. Bei diesen Emotionen geht es nur darum, sie fließen zu lassen. Lass sie einfach durch; sie bahnen sich schon selbst ihren Weg. Sie fluten heran, verebben, und dazwischen ... passiert das Leben.

Das gilt natürlich nur, wenn du nicht versuchst, unbeholfen einzugreifen, und deiner Trauer vorübergehend eine Krücke in Form von Entschlossenheit, Wut oder Groll gibst. Diese »unterstützenden Emotionen« halten viel länger als dein Verlust im wirklichen Leben.

Außerdem solltest du dir darüber bewusst sein, wie sich diese Erfahrung längerfristig in deinem Leben auswirkt – und entsprechend verantwortungsbewusst damit umgehen. Die meisten Menschen sind sich der anhaltenden Schatten in ihrem Leben, die der Verlust wirft, nicht bewusst. Sie sehen gar nicht, wie sie sich in der Zeit nach dem Verlust verändert haben. Die Veränderungen mögen subtil sein; die Ergebnisse dagegen sind lebensverändernd.

Wenn beispielsweise jemand stirbt, ist es, als ob man eine Wunde zugefügt bekommt. Aber nicht irgendeine Wunde. Es fühlt sich nicht einfach nur an wie ein oberflächlicher Stoß, Kratzer oder Schnitt. Es fühlt sich vielmehr an wie eine tödliche Wunde. Eine Wunde, die dich tötet.

Es ist ein elementarer Riss, ein katastrophaler Einbruch in ein Leben, ein Gefühl, das tief in die Magengrube fährt. Mit einem schlichten »Autsch« seinem Schmerz Ausdruck zu verleihen, langt dabei nicht. Vielmehr verlangt es nach einem unterirdischen Stöhnen, denn es ist ein existenzieller Schmerz, der bis zur Wurzel deines Seins vordringt. Und es tut verdammt weh. Deine Emotionen stürzen ins Bodenlose, und du fragst dich, worin überhaupt der Sinn besteht. Es wird schmerzen und du wirst kämpfen, und zwischendurch fühlt es sich so an, als würdest du untergehen und ertrinken.

Wie zum Teufel sollst du damit umgehen? Was ist dein Plan, während du durch die Gänge deiner dunkelsten Ängste stolperst und erbärmlich versuchst, dich selbst zu stabilisieren? Und vor allem: Womit versuchst du dich selbst zu stützen? Mit

Alkohol? Arbeit? Drogen? Mit einer positiven Einstellung? Indem du abwartest, bis es vorbei ist?

»Die Zeit heilt alle Wunden.« Für viele Menschen ist dieser positive philosophische Ansatz wie eine Erleichterung, die sofort wirkt. Sie führt aber auch unweigerlich dazu, dass man immer wieder in sich hineinhört und dabei feststellt, dass man »noch nicht darüber hinweg ist« und es in Wirklichkeit nie ganz sein wird. Vielleicht hast auch du diesen Satz in einer Stunde der Not schon einmal gehört. Und wahrscheinlich haben diese armseligen Worte auch bei dir keinen wirklichen Unterschied herbeigeführt, oder? Zu dicht und zu dumpf waren die Momente des größten Schmerzes.

Zumindest steckt aber eine *Art* Wahrheit in diesen Worten. Die Zeit bietet dir eine Gelegenheit. Die Gelegenheit, herauszufinden und schließlich zu bestimmen, wo dieser »Verlust« für dich verortet sein wird. Wird er dich nähren? Vielleicht wird er dich lähmen? Die gute Nachricht dabei ist: Du hast ein Mitspracherecht!

Für sehr viele Menschen endet die Trauer an einem schädlichen Ort, irgendwo im Unterbewusstsein, wo sie immer mal wieder ihren Kopf hebt und die Betroffenen dadurch in einem ständigen Klagekreislauf über einen Verlust stecken bleiben. Wenn auch du so trauerst, wenn du den Verlust auf negative Weise in dich einziehen lässt, bindet dich das dauerhaft an deine Vergangenheit. Auf diese Weise wirst du nie frei sein. Niemals. Auch da kann dir die Zeit nicht helfen.

»Ich werde nie darüber hinwegkommen.« Das ist richtig.

Aber es gibt noch eine andere Möglichkeit. Ich sag dir mal was: Der Grund, warum Trauer ein so natürlicher Teil unseres Lebens ist, ist, dass sie einem Zweck dient. Über einen Verlust authentisch zu trauern, hält dich nicht zurück. Und es spielt dabei keine Rolle, ob die Trauer wie ein riesiges Gewicht auf dir lastet, weil jemand gestorben ist, oder ob sie in Form einer Panik daherkommt, einen Job zu verlieren, oder in Form von Verzweiflung, eine Gelegenheit zu verpassen. Auch wenn es sich am Anfang schmerzhaft anfühlen mag, am Ende könnte es dich tatsächlich stärken und manchmal sogar beleben.

Wenn ich an geliebte Menschen zurückdenke, die gestorben sind (ich spreche bewusst nicht davon, dass sie »von uns gegangen« sind, wenn ich von Verstorbenen spreche, denn der ständige Gebrauch solcher Sprache hinterlässt bei dir nur Verlust), wenn mich etwas, das ich sehe oder höre, an sie erinnert und ich ein Bild von ihnen vor meinem geistigen Auge finde, erlaube ich mir das vorübergehende Gefühl von Trauer. Es steigt auf und ich erlaube sein Dasein nah bei mir. Ich kämpfe nicht dagegen an, ich versuche nicht, mich zu ändern oder zu philosophieren oder, Gott bewahre, dieses verdammte Stirnrunzeln auszuradieren. Nein, ich lasse es zu. Ich lasse es zu. Ich suhle mich auch nicht darin, ich lasse es ungehindert durchfließen und dann kehre ich ins Leben zurück.

Ich konzentriere mich auch überhaupt nicht darauf, was »hätte sein können/sollen«, denn das ist alles nichts weiter als Fantasie – und, um ganz ehrlich zu sein, ein sicherer kleiner Ort, an dem ich die Verantwortung dafür verleugnen kann, wie mein Leben verläuft. Ich lasse mich durch nichts ablenken, was meine Hände vom Ruder lösen könnte, mit dem ich meinem Leben Richtung gebe. Ich lasse den Drang los, mich nach der Gegenwart der Verstorbenen zu sehnen oder das Schicksal, die Krankheit oder das Alter zu verfluchen. Ich halte mich bestimmt nicht damit auf, mir selbst immer wieder in der Vergangenheitsform zu sagen, wie sehr ich die Verstorbenen geliebt habe, und ich gebe mich auch nicht damit zufrieden, sie zu »vermissen«. Nichts davon beeinflusst, was sie mir noch immer bedeuten ODER wie wichtig sie für mein jetziges Leben sind.

Stattdessen erfahre ich die Wärme, von ihnen in diesem Moment genährt zu werden. Ich denke daran, wie sehr ich sie gerade jetzt liebe. Es ist eine Liebe, die ich gerade erlebe, die ich weiterhin fühle. Meine Liebe zu ihnen ist nichts, was plötzlich aufhört oder sich mit ihrem Tod verändert hat. Wer sie sind, lebt weiter und weiter mit jeder Erinnerung. Für mich lebt ihr Leben in mir weiter, und das wird erst enden, wenn ich sterbe.

Verlust in dem Sinne, wie ich ihn lange als wahr akzeptiert hatte, gibt es gar nicht; im Gegenteil, es ist eine Umwandlung der Beziehung, die ich hatte, in eine Beziehung, die ich jetzt habe.

Deshalb sind die Verstorbenen für mich immer lebendig; ihre Erinnerung gibt mir nicht das Gefühl, als ob etwas fehlt, als ob ein Teil von mir weg ist und nicht ersetzt werden kann. Vielmehr gibt mir meine Liebe zu ihnen ein Gefühl der Fülle, der Ganzheit, das meinem Leben eher etwas hinzufügt, als dass es ihm etwas wegnimmt.

Wähle, was dich stärker macht

Gehe mental zurück zum Zeitpunkt des Verlusts, der dich belastet. Spüre ihn hier und jetzt. Damit ein Verlust, egal welcher Art, dir förderlich sein kann, musst du auf ihn zurückblicken können und einen Weg finden, ihn zu nutzen, um dich zu stärken. Es geht nicht darum, den Verlust zu überwinden, es geht darum, ihn neu zu positionieren, ihm zu erlauben, sich in den Hintergrund deines Lebens zu setzen und gelegentlich aufzutauchen, um dich daran zu erinnern, wer du bist und wer du einmal warst.

Wenn ich an den Tod meines Vaters zurückdenke, fühle ich heute keine Verzweiflung. Aber natürlich war das nicht immer so. Eine ganze Zeit lang haben mich der Schock und die Trauer mit ihren dunklen Rauchschwaden fast erstickt; es fühlte sich so an, als könnte ich nicht mehr atmen, sobald die Gefühle mich erneut in Wellen überrollten. Die Gewissheit, dass jemand, der mir so nahestand, physisch nicht mehr in meinem Leben war, war schier unerträglich. Wo früher mein Vater war, war nun ein Loch, und ich erlebte die tiefe Hoffnungslosigkeit, während ich das Bedürfnis hatte, dieses Loch mit etwas zu füllen. Mit irgendetwas. Schließlich, nach einem Gläschen ordentlichem Whiskey (dabei mag ich gar keinen Whiskey – ein Skandal, oder?), hab ich mir die Art von Gedanken gemacht, die du hier liest.

Ich habe gelesen, ich habe mit jedem geredet, der zuhören wollte, ich habe gearbeitet, ich habe meditiert, bis … es klick machte. Bis ich meine Erfahrung schließlich angenommen habe. Es war meine Erfahrung und ich bin dafür verantwortlich. Ich heilte.

Die meisten Menschen haben null Ahnung davon, dass man etwas tun und daran arbeiten muss; also haben sie auch keine andere Wahl, als dieses Loch offen zu lassen, das bis hinauf ins Universum klafft und einfach nur beunruhigend ist. Manche trifft diese Erfahrung mit fataler Kraft, sie verhärten oder sind emotional angegriffen – beides sind Optionen, aber kein unausweichliches Schicksal.

Alles, was du hier liest, ist mir nicht zugefallen und wurde mir auch nicht einfach so vererbt. Ich habe es gelernt, durch bestimmte undurchschaubare Erlebnisse und meine Bereitschaft, Neues zu lesen, zu hören, zu denken und anzuwenden. Ich bin buchstäblich für meine eigenen Durchbrüche verantwortlich, und du kannst das auch sein.

Eins muss dir dabei klar sein. Seien es sechs Monate, ein Jahr oder zwei Jahre, du musst dir immer den Raum gönnen, um voll zu trauern. Aber es gibt ein Ablaufdatum. *Kein Außenstehender* darf dir sagen, wann dieses Datum ist. Nur du kannst darüber entscheiden, und es hängt von deinem eigenen Temperament, deiner Beziehung zu der Person/Situation, deiner Lebensphilosophie und anderen Faktoren ab, die einzig und allein dich betreffen. Aber irgendwann erreichst du einen Punkt, an dem diese Trauer über ihren Nutzen hinausgeht, da sie keinem wirklichen Zweck dient. An diesem Punkt bringt sie dich und dein Leben zu Fall oder wird nur noch als Waffe benutzt, um deine gegenwärtige Existenz zu rechtfertigen.

Vor diesem hinterhältigen Bastard der Selbstgefälligkeit musst du dich hüten.

Das Ablaufdatum deines Verlustes erkennst du meist daran, wie oft du den Verlust als Erklärung oder Entschuldigung verwendest und wie oft du ihn als Ausrede bei Freunden, im Job, gegenüber deiner Familie oder dem Leben selbst benutzt. Und du denkst dir: Die Karte hauen sie mir ganz sicher nicht um die Ohren, wenn ich sie ausspiele. Bau nicht darauf, dass andere das Spiel nicht spielen! Dein Job besteht darin sicherzustellen, dass du so nicht wirst.

Aber wenn es »genug« ist, wenn die Zeit reif ist, dann musst du bereit sein, die Arbeit anzugehen und dich neu auszurichten. Dann kannst du die Trauer an einen Ort verlagern, wo sie dich stärkt und nicht schwächt.

Das wird nicht einfach sein. Verlust ist eine heikle Sache, mit der man umgehen muss. Für manche ist das Leben nach einem Verlust nie mehr ganz dasselbe, er verändert sie für immer. Sie sehen nur ein Leben voller Enttäuschungen und was hätte sein können.

Du musst da nicht landen.

Du kannst dich immer dafür entscheiden, dich mit deinem Verlust so auseinanderzusetzen, dass er dich stärkt, anstatt dich zu ersticken.

6

Die Weisheit von Verlust

Es geht um das Leben nach dem Verlust, und diese Zukunft ist nie so trostlos wie das Bild in deinem Kopf.

»Das Einzige, worüber du nicht hinwegkommst, ist das, woran du dich festhältst.«

Autsch, richtig? Manche könnten auf diesen Satz leicht mit einer gehörigen Portion Empörung reagieren. Und ich verstehe das.

Warum ist das so? Nun, aus zwei Gründen. Erstens ist gerade das Thema Verlust oft ein gesellschaftlich verbotenes Thema, es sei denn, man behandelt es mit äußerster Vorsicht, etwa so, wie man auch einen zerbrechlichen Gegenstand behandeln würde. Für viele Menschen ist Verlust eine No-go-Zone. Eine Art sicherer Ort, an den sie sich zurückziehen können und an den ihnen niemand folgen kann. Wenn es um ihren Körper oder ihre Gesundheit geht, schlittern die Menschen oft in dieselbe Falle. Dieses Verhalten kann nur allzu leicht zu einer Flucht vor dem Druck des Lebens werden. Klar legst du dich nicht einfach mit einer Person an, wenn sie sagt: »Ich bin krank/depressiv/am Boden, verzieh dich!«, oder? Nein, niemand tut das.

Zweitens haben die meisten Leute wenig oder gar keine Ahnung, dass sie an Sachen aus ihrer eigenen Vergangenheit festhalten. In ihrem Kopf sieht es nämlich so aus, als würde etwas an *ihnen* kleben.

In meinem Leben habe ich schon viele Verluste erlebt. Und ich habe viele Leute gecoacht, die das auch erlebt haben.

Wenn du dich in den Qualen des Verlustes windest, wenn du dich im Griff dieses intensiven Gefühls der Leere befindest, hast du das Gefühl, dass du nichts zu sagen hast. Dass du diesem Ding ausgeliefert bist und dass du kein Mitspracherecht hast, wie es weitergeht.

Deshalb ist es verdammt nervig, wenn dir die Leute sagen, du sollst »an was Schönes denken«, du sollst »positiv denken« oder »es gut sein lassen«, denn du hast einfach das Gefühl, dass du das nicht kannst, stimmt's?! Mal im Ernst, niemand würde sich das selbst freiwillig antun!

Vielleicht doch?

Noch mal, ich versteh das wirklich. Wenn du merkst, dass du wütend wirst oder dich verteidigen willst, dann zieh kurz die Reißleine und denk einen Moment mit mir mit. Ich hab hier was für dich.

Das gilt natürlich auch für diejenigen, die bereits erkennen, dass sie schon ein wenig (oder viel) zu lange mit den Nachwirkungen ihres Verlustes leben. Und diese sind noch zu intensiv oder spielen eine größere Rolle in ihrem Leben, als sie selbst glauben, dass sie es mittlerweile tun sollten.

Frage dich Folgendes:

»Was für ein Leben kann ich führen, wenn dieser Verlust anhält?«

»Was bringt es mir, wenn ich meinen Verlust als Ausrede vorschiebe?«

»Wenn ich nicht mehr über meinen Verlust reden dürfte, was müsste ich dann in meinem Leben näher ins Auge fassen?«

Unter deinen Antworten auf diese Fragen findest du auch das, woran du dich festhältst. Dazu gehört, was du vermeidest und was du rechtfertigst. Nun, ich verstehe, dass es unangenehm für dich sein kann, wenn du dich dem stellst. Aber das ist okay, du schaffst das. Du kannst den Spieß gegen dich selbst umdrehen, sodass du auf der anderen Seite endlich rausplatzen kannst und bereit bist, dein Leben wiederaufzunehmen.

Viele von uns hängen das Label Verlust an die Dinge im Leben, die wir nicht tun. Wir fallen in diesen Trott von »X, Y oder Z werde ich nie hinkriegen, weil ich noch mit A zu tun habe«. Wir kreieren diese unbewussten Verbindungen als eine Art Ventil, damit wir der Vorstellung eines Lebens nach dem Verlust aus dem Weg gehen können. Wir sagen: »Ich trinke viel, aber ich komme nicht über … hinweg.« Oder: „Ich nehme an Gewicht zu, aber es ist wegen der Scheidung.« Oder: »Es gibt ein Problem in meiner Beziehung, aber es liegt daran, dass meine Mutter gestorben ist.«

Doch diese Dinge sind nicht miteinander verbunden. Du hast sie verbunden.

Ja, intensiver Verlust bringt den ein oder anderen durchaus auf die *Idee*, dass Trinken eine Lösung ist. Oder essen. Oder sich von anderen zu distanzieren und sich aus dem eigenen Leben auszuklinken. Aber das eine wird nicht durch das andere »verursacht«. Sobald du auf der Idee beharrst, dass diese Phänomene vom Verlust verursacht wurden, beraubst du dich der Möglichkeit, selbst die Lösung zu sein. Es ist ganz so, als würdest du deine hilflosen Hände in die Luft recken, um dein Umfeld zu durchsuchen, und keine Menschenseele finden, die dich in deinem Leben berühren könnte, weil es nicht deine Schuld ist. Das Problem liegt aber ganz woanders: Hier geht es nicht um Schuld oder darum, wer schuld ist. Das ist allen vollkommen egal. Es ist irrelevant.

Hier geht es nur darum, was als Nächstes kommt. Es geht um das Leben nach dem Verlust, und diese Zukunft ist nie so trostlos wie das Bild in deinem Kopf. Egal, wie schmerzhaft, egal, wie lähmend sie scheint.

Du kannst dein Leben immer noch leben, während du trauerst. Du kannst immer noch zur Arbeit gehen, ins Fitnessstudio gehen, Zeit mit deiner Familie verbringen. Der Verlust muss dich nicht auffressen. Er muss dich nicht nach unten ziehen oder dich zurückhalten oder dein Leben in eine Richtung schieben, von der du dich niemals erholen wirst. Sicher, du brauchst Raum, und ja, du brauchst Mitgefühl und Verständnis, aber du brauchst auch eine Zukunft, ein Leben, in dem du gelernt hast, mit diesem Verlust zusammen zu sein, damit du das Leben auf neuen Ebenen erforschen kannst.

*»Heute ist auch einer dieser Tage,
die du nie wieder erleben wirst.«*

Oft beobachten wir, wie Menschen oder Gelegenheiten aus unserem Leben verschwinden, und uns überkommt ein dunkles Gefühl des Bedauerns, und Gedanken, was hätte sein können, ziehen uns mit der Zeit nach unten und engen uns ein.

Wir erleben den Verlust, fühlen die Abwesenheit und leben doch weiter so, wie wir vorher gelebt haben. Nichts ändert sich wirklich. Wir sind nur trauriger oder fühlen uns leer oder verloren. Manchmal ziehen Wut oder Groll in unser Leben ein.

Natürlich ist das nicht bei jedem der Fall. Für einige Menschen ist die Erfahrung des Verlustes wie eine Erleuchtung. Sie erkennen: »Was zum Teufel mache ich hier?«, und drehen ihr ganzes Leben um. Sie wechseln den Beruf, übernehmen die Kontrolle für ihre Gesundheit oder entscheiden sich einfach dafür, fast vollständig eine neue Person zu werden.

Es gibt Wege, auf denen jeder von uns die Trauer neu ausrichten kann, damit es für uns funktioniert: Wege, auf denen wir über ein paar Tränen oder Bedauern hinausgehen und die sich in echten, positiven Gedanken und Handlungen manifestieren.

Und meiner Meinung nach gibt es dafür keinen besseren Weg, als sich seinem eigenen Tod zu stellen. Nutze die Realität deines Todes, um dich mit deiner eigenen Sterblichkeit auseinanderzusetzen.

Denn glaub es oder lass es bleiben, doch du wirst eines Tages sterben. Wirklich. Vielleicht schon morgen. Vielleicht in fünfzig Jahren. Wenn du dich damit wirklich auseinandersetzt, dann findest du die größte Motivation, quasi ein riesiges Feuer unter deinem Hintern. Und selten sind wir unserem eigenen Tod so nahe, wie wenn jemand, der uns nahesteht, stirbt.

Es liegen Magie und Kraft darin, den Tod eines geliebten Menschen oder eines dir nahestehenden Bekannten als Erlebnis hinzunehmen und so umzugestalten, dass es dich inspiriert. Und das Obengenannte ist nur ein Beispiel.

Nachdem mein Vater gestorben war, stellte ich mir die Aufgabe, über Folgendes nachzudenken: *Wie würde er darüber denken, wie ich mein Leben lebe?*

Das war ein echter Schlag ins Gesicht, ein echter Weckruf, mein »Was zum Teufel mache ich hier?«. Es änderte die Richtung, in die mein Leben ging.

Veränderung beginnt in einem einzigen Moment. Du kannst heute beginnen. Du kannst *jetzt* beginnen.

Bei Veränderung denken wir oft an etwas, das mit der Zeit geschieht. Und da ist viel Wahres dran. Aber in diesen Situationen des Verlusts steckt tatsächlich eine ganze Reihe von Veränderungen. Es sind viele kleine Veränderungen, die mit einem entscheidenden Moment begonnen haben.

Dies könnte dieser Moment sein. Dies könnte dein Tag sein. Und der Tod, den du erfahren hast, die Trauer, die du fühlst, könnte der Funke sein, der das Feuer entfacht, das dich vorwärtstreibt. Du musst dafür nur die Art und Weise ändern, wie du den Verlust betrachtest.

Wie würde diese Veränderung aussehen?

»Es ist in Ordnung, wenn dir alles zu viel ist. Das passt zur Situation, geht aber vorüber.«

Wenn wir mit Verlust konfrontiert werden, fühlen viele von uns sich vollständig überwältigt.

Das Leben ist zu viel, zu schwer, zu kompliziert. Du kannst dich deinen Problemen nicht stellen; zur Hölle, du kannst es kaum ertragen, aus dem Bett aufzustehen! Keine noch so große Motivation oder Ermunterung kann die Lethargie, den Lärm oder die Hilflosigkeit durchdringen.

Nun, es gibt bestimmte Zeiten, in denen Überwältigung ein Zeichen dafür sein kann, dass du auf der Schwelle zu einem größeren Leben stehst und an diesem Punkt nicht mit dieser Erweiterung umgehen kannst. In diesem Fall funktionieren die Dinge nicht mehr so, wie du es gewohnt bist. Es kann sein, dass du einige deiner Verpflichtungen auslagern oder dass du einen anderen Blick darauf werfen musst, wie du dein Leben angehst. Eines ist sicher: Du kannst nicht erwarten, du selbst zu sein UND zu wachsen.

Ein Verlust kann so überwältigend sein, dass es dir schier den Boden unter den Füßen wegzieht. Es ist eine ganz spezielle Art der Überforderung, des Überwältigtseins, und es erfordert daher auch eine ganz eigene und einzigartige Strategie. Stimmt's?

Nein, nicht ganz.

Die meisten Menschen kämpfen mit der Überforderung, weil sie auf einer bestimmten Ebene das Gefühl haben, dass sie nicht so fühlen sollten. Dass wir irgendwie anders fühlen sollten. Ich meine, komm schon, Überforderung ist ein schreckliches Gefühl und muss weg! Vielleicht hilft etwas Meditation oder Ruhe oder eine Runde Aufräumen? Ja, vielleicht.

Letztendlich kämpfen die Menschen mehr mit dem Gefühl, überwältigt zu sein, als mit den Dingen, die sie überhaupt erst dazu gebracht haben, sich so zu fühlen. Lies diesen Satz noch einmal.

Irgendwie ist das so, wie deprimiert darüber zu sein, deprimiert zu sein.

Natürlich reagieren die meisten Menschen bei Glücksgefühlen anders. Wenn in unserem Leben alles großartig läuft, schreien wir nicht gen Himmel: »Warum ich? Warum bin ich so glücklich?« Aber in dem Moment, in dem sich unser Teller zu füllen beginnt, fangen wir oft an, uns aufzuregen, uns zu beschweren, unseren unausgesprochenen Widerstand gegen das aufzunehmen, was ist – auch wenn es für das, was vor sich geht, absolut keinen Unterschied macht.

In manchen Fällen verschlimmert es nur eine eh schon beschissene Erfahrung.

Wie du siehst, ist zu bestimmten Zeiten – besonders wenn du den Verlust einer Person oder eines Traumes erlebst – nicht nur zu *erwarten*, dass du überwältigt werden könntest, es ist auch *völlig angemessen*. Du sollst dich so fühlen, wann immer du an deine Grenzen kommst. Natürlich bleibt ein Rückschlag nicht aus, und dich überwältigt dieses schwere Gefühl, unfähig oder verloren zu sein oder was auch immer dein Ding ist. Das ist in Ordnung.

In diesem Sinne ist die Antwort auf diese Gefühle des Überwältigtseins nicht, dagegen anzukämpfen oder mit ihnen zu ringen. Gib deinem automatischen Bedürfnis, entweder zu kämpfen oder den Kopf in den Sand zu stecken, nicht nach. Der Schlüssel liegt darin zu akzeptieren, wo du bist. Die Antwort ist, zu erkennen, dass es in Ordnung ist, überwältigt zu sein. Diese Gefühle kommen und gehen, und sicher, du wirst gestresst, ein bisschen nervös, vielleicht sogar ein bisschen verkorkst sein, aber du wirst überleben. Kümmere dich um dein Wohlbefinden, tu, was immer du brauchst, um dich zu ernähren und zu pflegen. Aber es ist auch in Ordnung, eine Zeit lang einfach nur schnöde weiterzudümpeln.

Es wird nämlich nicht ewig dauern. Es gibt ein Zeitlimit. Irgendwann wirst du entweder die Scheiße überwinden, mit der du zu tun hast, oder du wirst dich so daran gewöhnen, dass du dabei den Gestank einfach nicht mehr wahrnimmst.

Dieses Kapitel mag für dich ein hartes Kapitel gewesen sein. Denk an meine Worte: Atme durch, gehe spazieren, tue etwas, um dich mit der Gegenwart zu verbinden, und erinnere dich daran, wofür du hier bist. Wozu du das tust. Sich dessen bewusst zu werden, was wirklich wahr ist, wie wir mit diesen schwierigen Situationen des Verlustes umgehen, kann uns Kraft geben und stärken – du erinnerst dich? Das ist keine Kleinigkeit. Tatsächlich ist es etwas Großes.

7

Angst

*Angst zu haben, bedeutet,
lebendig zu sein. Es ist deine
Aufgabe, das zu verstehen
und darüber hinauszuwachsen.*

Buh! Hast du dich erschrocken?

Wenn du irgendjemanden fragst, warum er das Gefühl hat, gefangen zu sein oder festzustecken, warum er nicht nach Großem strebt oder aus einem langsam zerbröckelnden und stets vorhersehbaren Leben ausbricht, bekommst du von allen zunächst dieselbe langweilige Antwort.

Aus Angst.

Sie antworten, dass es die Angst vor dem Versagen oder vor einem Urteil oder der Ablehnung oder was auch immer ist. Aber ist es das wirklich? Ist das alles? Bist du wirklich einfach scheißängstlich? Auf einer gewissen Ebene haben alle Menschen, auch du, ihr Leben um ihre Ängste herum aufgebaut statt um ihr Potenzial. Sie haben das, was sie als sicher einschätzen, der Magie des Möglichen vorgezogen.

Du bittest nicht um diese Gehaltserhöhung, weil du fürchtest, du könntest sie nicht bekommen. Du bittest diese Person nicht um einen Gefallen, weil du Angst hast, dass sie Nein sagen wird. Du startest nicht dein eigenes Unternehmen, schreibst kein Buch, schreibst dich nicht an der Universität ein oder gehst nicht einmal ins Fitnessstudio, weil ... was soll das bringen? Ich meine, du wirst eh nur wieder scheitern, stimmt's?

Und wenn du das tust ... was werden die anderen alle denken?

Und dieses tote und abgeflachte Tal, in dem du dich wieder-findest, nachdem du versagt hast, ist so schlimm, so de-primierend, so schmerzhaft entblößend, lässt dich so ohne die sichere Deckung dastehen, die du sonst in deinem Leben ge-wohnt bist, dass es kein Wunder ist, dass du mehr als nur ein bisschen zögerst, dein empfindlichstes Selbst wieder dieser Scheiße auszusetzen. Wenn du dann tatsächlich einmal versagst, legt sich ein schon vertrauter lähmender Schalter in deinem Kopf um. Einer, der nur bestätigt, was du schon immer gewusst hast, mit dem du dich aber lieber nicht beschäftigen möchtest.

Und wenn das wieder passiert, du wieder an dieser Stelle lan-dest ... dann glaubst du, dass alle Welt erkennt, dass du nur den Schein, eine Illusion aufrechterhältst. Du fürchtest, dass auffliegt, dass du nur ein Spiel spielst. Ein Spiel, um die dunk-le, tiefe Wahrheit zu verbergen, dass du nicht gut genug oder nicht liebenswert oder nicht klug bist oder ... du weißt, was ich meine. Dein Leben ist immer eine Manifestation in Echtzeit, und zwar von dem, was du schmerzhaft versuchst, hinter der Maske zu verstecken.

Also bleiben wir bei der Angst stehen. Wir geben der dürftigen Erklärung nach. Deshalb ist Angst die am häufigsten gegebene Antwort, um ein Leben zu erklären oder zu entschuldigen. Sogar in den Workshops, die ich moderiert habe, ist die Zu-stimmung der Teilnehmer zur Angst greifbar und wird oft als Begründung ausgepackt. Die Leute unterstützen sich gegen-seitig in ihren Ängsten und fordern ihr Recht ein, ein Leben in Angst zu führen, ohne jemals wirklich zu prüfen, was so etwas kostet.

Aber in Wirklichkeit ist diese Angst unangebracht. In Wahrheit gibt es nichts, wovor man sich fürchten muss. Na ja, nicht sehr viel, sagen wir es mal so.

Sicher, es gibt einige Dinge, vor denen man berechtigterweise Angst haben muss. Wenn du im Ozean schwimmst, dich in der stillen Zufriedenheit und Glückseligkeit der Natur sonnst und dann plötzlich die dumpfen, anschwellenden Töne der Titelmusik zu *Der weiße Hai* hörst, begleitet von einem sanften Plätschern des Wassers hinter dir – okay, dann würden wohl die meisten Leute mit Recht behaupten, dass Angst angemessen ist. Aber schau dich auf jeden Fall trotzdem um, bevor du panisch um dein Leben schreist, denn höchstwahrscheinlich planscht nur zufällig ein Cellospieler im wohlverdienten Urlaub neben dir.

Haie können keine Saiteninstrumente spielen.

Kurz gesagt, wenn deine Existenz wirklich in Gefahr ist, ist Angst zu empfinden natürlich. Sogar angemessen. In diesen Fällen solltest du immer, ohne Ausnahme, auf deine Sicherheit achten.

Aber damit haben wir es hier gar nicht zu tun, oder?

Wir haben aktuell nicht etwa Angst, weil etwas lebensbedrohlich ist. Wir benutzen »Angst« vielmehr als Pflaster, um alles abzudecken, dem wir uns nicht stellen wollen. Wir nutzen sie als Erklärung dafür, eine Aufgabe auf unbestimmte Zeit aufzuschieben.

Aber ich möchte, dass du das Pflaster abreißt. Grab dich ein wenig in diese Angst hinein, um herauszufinden, was wirklich da unten liegt.

»Ach, Gary, ich weiß doch, was das ist. Es ist die Angst vor dem Versagen!«

Das ist heutzutage die populäre Antwort in den sozialen Medien. Garantiert! Inzwischen muss es eine Milliarde Instagram-Posts geben, die unsere Angst vor dem Handeln mit der Angst vor dem Versagen gleichsetzen, schön mit einem Zitat aus einer Erfolgsgeschichte versehen, das uns sagen möchte, warum die betroffene Person niemals Angst vor dem Versagen hatte.

Und hey, ich bin der Letzte, der behaupten würde, dass das ganz falsch ist. Aber ich kann dir verraten, dass das nicht tief genug greift.

Schau, dein Problem ist nicht die Angst vor dem Versagen selbst; es ist die Angst davor, als Versager gesehen zu werden. Mit anderen Worten: Wenn niemand jemals wüsste, dass du versagt hast, wenn niemand deinen Absturz aus ordentlicher Höhe gesehen, gehört oder bezeugt hätte, würde es dich nicht so sehr kümmern. Wenn es das überhaupt täte. Diese Gleichung schließt dich übrigens auch mit ein. Selbst wenn du allein bist, ist da eine regelrechte Abneigung gegen das Versagen, von dem »du« immer noch wissen würdest.

Deshalb können Kinder in alle möglichen merkwürdigen Sachen verwickelt werden, ohne sich um die Welt zu kümmern.

Diejenigen von euch, die die ersten Schritte ihres Kindes in die Welt des »alleine Anziehens« selbst miterlebt haben, können Geschichten davon erzählen, wie scheißegal es ihnen ist, wie sie auf andere wirken. Denn es kümmert sie nicht nur nicht, was die Leute denken; gleichzeitig versuchen sie auch immer nur, sich selbst zu beeindrucken.

Was denkst du über sie? Ha! Wen interessiert das schon?

Es ist also nicht die Angst vor dem Versagen, die dich aufhält. Es ist der Wunsch, nicht von dir selbst und anderen verurteilt zu werden, der dich zurückhält. Das ist es, was dich diese vorgefertigten Ausreden und Erklärungen auffahren lässt, die dir scheinbar den Weg versperren. Aber es erklärt nicht, was dich tatsächlich aufhält. Was hinter deiner kleinen Geschichte steckt, ist ausschlaggebend – und das ist deine immer gegenwärtige Sorge, wie andere dich sehen – oder besser gesagt, als *wer* du gesehen wirst.

Darum machst du die Geschichte so spannend. Sie muss so absolut, so unmöglich, so real und schwierig sein, dass andere sie bereitwillig glauben. Und das ist der unausgesprochene Deal, den wir miteinander haben. Stimme meinem Scheiß zu und ich stimme deinem zu. Dann können wir gute Freunde werden und gemeinsam das Leben links liegen lassen und uns daraus verabschieden.

Dann wird deine Geschichte zur Wahrheit. Und während du Bücher liest und Ratschläge annimmst und depressiv wirst und versuchst, dich zu ändern, sodass du vielleicht irgendwann über das Glück oder das Geheimnis des Universums oder was auch immer stolperst, das alles besser machen wird, zieht dich dein Abschied aus deinem Leben weiter runter. Und ja, das ist richtig, du versuchst, das Leben, aus dem du dich verabschiedet hast, zu verbessern. Die Grenze ist erreicht. Du versuchst, das Leiden erträglich zu machen.

Wie beendet man diesen Leidenskreislauf? Du fängst damit an, auf deine innere Erfahrung von Angst zu achten, nicht darauf, was du tust. Wie fühlt es sich an, wenn du Angst hast? Denke einmal über die spezifischen und vertrauten Gedanken, Gefühle und Emotionen nach, die deine Angst begleiten. Fängst du an zu schwitzen? Rast dein Herz?

Sobald du weißt, wie deine Reaktionen aussehen, kannst du die Dinge relativieren. Du kannst lernen, *mit* der Angst zu leben, ohne sie als Entschuldigung zu benutzen. Es geht nicht darum, furchtlos zu sein, sondern zu erkennen, dass du damit klarkommst. Du hast deine Angst akzeptiert. Es geht nicht darum, zu vermeiden, verurteilt zu werden. Es geht darum, zu erkennen, dass alle Menschen urteilen werden. Und es ist viel besser, dafür verurteilt zu werden, wer du bist, als für etwas, das du nur vorgibst zu sein, um in deiner kleinen vorhersehbaren Box sicher zu verharren.

Ja, du wirst beurteilt. Na und, verdammt? Du urteilst über mich (oder beurteilst das, was ich geschrieben habe), seit du angefangen hast, dieses Buch zu lesen! Komm über dich selbst hinweg. Du machst dich gut. Geh verdammt noch mal einen Schritt nach vorne.

»Etwas zu wagen, verursacht Angst, aber etwas nicht zu wagen, bedeutet, sich selbst zu verlieren. Und sich an das Höchste zu wagen, bedeutet, sich seiner selbst bewusst zu sein«, sagte schon Kierkegaard.

Mit anderen Worten: Wenn man wagt, etwas zu unternehmen, verursacht das immer einen gewissen Grad an Furcht, ja vielleicht sogar Angst. Je weiter man es treibt, desto selbstbewusster wird man, und desto mehr Angst wird man erleben. Aber die Angst ist nicht lebensbedrohlich. Und sie sollte da sein. Denn Angst zu haben, bedeutet, lebendig zu sein.

Es ist deine Aufgabe, das zu verstehen und die Angst so zu überwinden.

Lass uns ehrlich sein. Heutzutage leben die meisten Menschen ziemlich sicher. Sie arbeiten in klimatisierten Gebäuden, fahren ein Auto mit allen möglichen Sicherheitskontrollen und beschaffen sich saubere Lebensmittel mit einem Einkaufswagen und einer Kreditkarte – und nicht indem sie mit einem blutbefleckten Speer mitten durch den Wald stürmen oder sich mit einem Pflug gnadenlos den Elementen aussetzen. Kurz gesagt, das meiste von diesem Angstzeugs ist Blödsinn. Angst hält dich nicht davon ab, irgendetwas zu tun. Sie ist eher mit einer Furcht vor dem eigenen Selbstbewusstsein gleichzusetzen und ist keine legitime Angst vor etwas Lebensbedrohlichem.

Wir alle fühlen Angst. Aber das ist keine Entschuldigung dafür, nichts zu unternehmen.

8

Die Weisheit von Angst

Angst kann entweder dein Beifahrer sein oder am Steuer sitzen – du hast die Wahl.

»Deine Angst entbehrt jeder Grundlage.«

Es gibt keine Angst im Universum. Sie existiert nicht. Angst ist so real wie Langeweile oder Willenskraft, und nein, nur weil sich etwas für dich real anfühlt, ist es außerhalb der Grenzen deiner eigenen kleinen Welt noch lange nicht real.

Vielleicht gehörst du zu den Menschen, die seit Monaten oder sogar Jahren in der Angst gefangen sind. Du hast deine Lebendigkeit und dein Potenzial eingetauscht, um dich nicht länger mit schwitzenden Handflächen, ratternden Gedanken und erhöhtem Herzschlag herumzuplagen. Du hast auf dramatische Weise deine eigene Macht abgegeben. Dabei entbehrt deine Angst absolut jeder Grundlage.

Angst ist nichts weiter als eine vorübergehende Erfahrung, die eintritt, wenn ein Mensch mit dem zufälligen, chaotischen Scheiß konfrontiert wird, der ihm im Leben immer mal wieder vor die Füße geworfen wird. Denn wenn er dann noch unverhältnismäßig stark aufgebläht wird, wirkt der Scheiß weitaus bedeutender, als er es in der Realität ist.

Deine Angst hat keinerlei Fundament: Sie hat keine vorbestimmte Bedeutung oder Wichtigkeit. Sie ist vielmehr ein leerer Becher, den du wahllos mit explosiver, instabiler Ladung füllst, die dich schließlich entgleisen lässt.

Damit hat sich die Angst zu einem gigantischen kosmischen Witz entwickelt: Während Angst bei unseren Vorfahren tatsächlich todernst war und dabei geholfen hat, auf einem wilden und gefährlichen Planeten zu überleben, versuchst du heutzutage lediglich, ein Meeting, ein Interview, ein Date oder einen Karrierewechsel zu überleben oder etwas zu sagen, das du schon immer sagen wolltest, aber nie geschafft hast.

Deshalb erscheint es auch kläglich unangebracht, wenn du dein ganzes Leben buchstäblich wegen dieser Angst zum Stillstand bringst.

Dieser Griff, der einem den Magen umdreht, die Knie zum Zittern und die Gedanken zum Drehen bringt und das Leben bedroht – dieser Griff erwischt uns alle unvorbereitet. Vielen von uns passiert das viel öfter, als uns lieb ist. Aber nur weil die Erfahrung real ist, bedeutet sie nicht das, was du glaubst.

Denk mal über Folgendes nach: Ist es für alle gleich beängstigend, jemanden zu einem Date einzuladen? Oder wie sieht es damit aus, eine Gehaltserhöhung zu verlangen, ins Fitnessstudio zu gehen oder jemandem zu sagen, wie du dich fühlst? Öffentliche Reden halten, was ist damit?

Nichts bei alldem kann uns tatsächlich *schaden*. Deshalb gehen so viele Leute Dinge wie diese auch mit links an und brauchen kaum mehr als einen tiefen Atemzug und ein »Los geht's«. Aber warum sind dann andere – du zum Beispiel – wie zur Salzsäule erstarrt?

Weil du nicht von deiner Angst vor etwas getrieben wirst, sondern eher durch deine versteckte *Beziehung* zu dieser bestimmten Tätigkeit aus der Spur getrieben wirst. Du hast zum Beispiel keine Angst davor, einen Vortrag zu halten (und hier kannst du die Dinge in deinem Leben einfügen, vor denen du Angst hast); du hast Angst vor dem, was dem öffentlichen Vortrag für dich Bedeutung gegeben hat, und welche Bedeutung du ihm gegeben hast, ist vor deinem Blick verborgen.

Du bist der Architekt dieser Angst. Sie kommt von dir, und wenn du blind darauf beharrst, dass du doch irgendwie gar keinen Grund hast, ängstlich zu sein, verstärkt sich diese Angst nur noch.

Irgendwo in deinem Geist, an irgendeinem Punkt in deinem Leben wurde im Hintergrund deiner Gedanken die Frage gestellt: »Was bedeutet das für mich?« Und deine Antwort passte zu deinen Umständen, zu dem, wer du zu diesem Zeitpunkt warst. In diesem Moment hast du eine Geschichte über dich selbst erfunden, die schmerzhaft ans Tageslicht käme, wenn du vor einer Gruppe sprechen würdest. Ist es da ein Wunder, dass du wie angewurzelt dastehst, vor dich hin nuschelst, deine kleinen Spickzettel mischst und versuchst, dein inneres Drama vor den Zuschauern zu verbergen? Das ist das Problem mit dieser Art von Geschichten: Für dich selbst sind es keine Geschichten. In deinem Kopf ist deine Geschichte so real, wie sie nur sein kann.

Aber die Angst packt uns auf alle möglichen Arten.

Manche Menschen lieben Hunde. Sie sind schließlich der »beste Freund des Menschen«, richtig? Wieder andere schrecken selbst beim Anblick des freundlichsten aller Golden Retriever zurück, nur weil sie als Kind von einem Hund aus der Nachbarschaft gebissen, überrascht oder eingeschüchtert wurden, und jetzt … ist diese alte Geschichte zu einem vollwertigen dreiteiligen Drama ausgewachsen, das zur Hauptsendezeit ihres Lebens läuft.

Kurz gesagt, Angst hat nichts mit dir zu tun. Es geht um das Gewicht oder die Bedeutung, die du dir über diese Sache ausgedacht und dem Ganzen hinzugefügt hast. Tatsächlich existiert Angst nicht einmal wirklich in der Welt. Sie ist nicht greifbar. Du kannst nicht einfach deinen Arm nach ihr ausstrecken und sie berühren. Du kannst sie nicht aufheben oder halten.

Aber wir fühlen sie. Wir fühlen sie tief, wir erleben sie visuell. *Sie* ergreift *uns*.

Und doch ist all die Angst in deinem Leben vollständig von dir selbst verursacht. Als solche ist sie nicht etwas, gegen das man sich wehren kann. Sie ist etwas, mit dem man koexistiert, mit dem man sein Leben verbringt, ohne ihr immerzu widerstehen zu müssen.

Sie ist eine menschliche Erfahrung.

Wenn Angst eine feste Größe wäre, wenn sie unveränderlich oder unbeweglich wäre, dann würde jeder in einer Achterbahn genau dasselbe erleben. Aber das ist nicht so. Der eine denkt bestimmt, dass es ein Fehler war, sich von seinen Freunden zur Fahrt überreden zu lassen, denn er umklammert die Haltestangen so fest, als ob sein Leben davon abhängen würde. Der andere genießt die Fahrt in vollen Zügen, laut lachend.

So sieht es bei allen Formen der Angst aus. Sie ist subjektiv. Jeder Mensch erlebt sie auf unterschiedliche Weise bei verschiedenen Dingen/Situationen.

Du fürchtest dich vielleicht davor, vor vielen Menschen etwas zu sagen, während deine Kollegin darin aufgeht. Vielleicht lebst du für das Fitnessstudio oder für den Wettkampfsport, während dein bester Freund bei dem bloßen Gedanken daran eingeht. Warum? Weil wir nicht das fürchten, was wir tun, sondern vor etwas anderem Angst haben. Nämlich vor der Bedeutung, dem Gewicht oder, wie Sartre sagen würde, dem Sinn, den wir dieser Handlung oder diesem Ereignis zugewiesen haben.

Denk mal darüber nach. Wie oft hast du bestimmte Dinge in deinem Leben viel größer gemacht, als sie wirklich sind, gerade wenn du von diesem übertriebenen Gefühl der Angst getrieben warst, das von Zeit zu Zeit auftaucht? Du hast die Wahl: Entweder lässt du dich von dieser Angst treiben oder du selbst siehst dich als groß genug, um die Angst mit auf die Reise zu nehmen. Denn die Angst kann entweder dein Beifahrer sein oder am Steuer sitzen – du hast die Wahl.

WEISHEIT #2

»Die Grenze zwischen Mitgefühl und Selbstmitleid dir selbst gegenüber kann ohne Vorwarnung verschwinden.«

Wir alle geraten irgendwann einmal in die Klauen der Angst.

Und Angst muss nicht gleichbedeutend sein mit dem Terror, der dir Schauer den Rücken runterjagt und bei dem du dir in die Hose pinkelst. Für manche nimmt Angst die Form von Ängstlichkeit oder Sorge an. Wir fühlen uns dann ängstlich, wenn wir es mit etwas zu tun haben, das zu viel, zu unbekannt oder zu riskant ist.

Angst in Kombination mit jener inneren Stimme, die dir einflüstert, dass du das eh nicht schaffst, führt oft zu einem Rückzug und zur Flucht in die Sicherheit.

Für den Umgang mit solchen Situationen sind jede Menge vermeintlicher Rezepte in Umlauf; es sind schlechte Weisheiten wie: »Mach mal Pause!« Oder: »Sei nicht so hart zu dir selbst!« Mit anderen Worten: Als Heilmittel verkauft man uns, uns zurückzuziehen, uns rauszuziehen, uns selbst nicht unter Druck zu setzen. Und manchmal stimmt das wirklich. Ich kann das gar nicht genug betonen: Manchmal sind wir wirklich zu hart zu uns selbst und manchmal müssen wir uns wirklich eine Pause gönnen. Tatsächlich habe ich aber festgestellt, dass die Art Menschen, auf die das zutrifft, in der Minderheit sind. Gleichzeitig glaubt die Mehrheit der Menschen, dass sie zu hart zu sich selbst sind, obwohl das einfach nicht stimmt. Vielmehr braucht es nur das geringste Anzeichen von Schmerz, Unbehagen oder Ungeduld und ... **rums** ... steigen sie aus dem Spiel aus.

Aber du musst dir über Folgendes im Klaren sein: Übernimm die Verantwortung dafür, dich nicht bis zu dem Punkt zurückzuziehen, an dem du gelähmt bist, dich nicht so lange zu »beruhigen«, bis du überhaupt nicht mehr vorwärtskommst. Erkenne, dass du dich etwas Unterbewusstem hingibst, anstatt etwas Neues zu formen. Die meisten Menschen, die mit der Vorstellung ringen, dass sich ihr Leben auf bedeutende Weise verändern kann, müssen oft etwas durchsetzen, was weder geplant noch gewünscht war. Die Freiheit liegt auf der anderen Seite.

Wie die meisten Dinge im Leben sehe ich Angst als ein Spektrum. Auch Selbstmitgefühl findet sich auf einer Skala, die nach links und nach rechts Platz hat.

Wenn du nicht aufpasst und dich in den Fängen der Angst befindest, kann dein Selbstmitgefühl schneller als du denkst komplett in Richtung Selbstmitleid ausschlagen. Heute willst du dir nur eine Pause gönnen, morgen redest du dich stattdessen bereits selbst raus. Es ist ein schmaler Grat zwischen »Ich muntere mich selbst nur ein wenig auf« und »Ich verleugne komplett, womit ich es hier zu tun habe«.

Es macht eben einen Unterschied, ob du glaubst, eine bestimmte Aufgabe oder Situation nicht zu schaffen, oder ob du der Ansicht bist, dass du gar nichts kannst, dass du wertlos bist oder die ganze Welt es auf dich abgesehen hat.

Um herauszufinden, ob du in die letztere Kategorie fallen könntest, mach schlicht eine Bestandsaufnahme, wie oft du »dir selbst eine Pause gönnst«. Wenn du ständig Pausen einlegst, wenn du Tag für Tag oder Woche für Woche eine »Pause« machst, steckst du wahrscheinlich bereits in der Selbstmitleidszone fest – oder bist zumindest gefährdet, dort zu landen.

Diejenigen, die in der Selbstmitleidszone gefangen sind, erkennen das oft gar nicht. Sie sehen sich nicht als Opfer, aber sie sind es – egal, wie lebhaft oder kontrolliert sie nach außen hin wirken.

Denkst du, dass nur andere so sind, du aber nicht?

Klasse für dich, wenn's so ist. Wenn du vermeiden willst, dass du in die Falle tappst, dann darfst du dich nicht zurückziehen, sondern musst etwas tun. Manchmal nützt uns der leichte Weg nichts, sondern wir müssen uns ein paar Widrigkeiten stellen und sie durchstehen. Manchmal müssen wir uns selbst Feuer unterm Hintern machen, um zu sehen, aus welchem Stoff wir gemacht sind.

Sonst könntest du in diesem Kreislauf stecken bleiben und Selbstmitleidspartys schmeißen, zu denen nur du eingeladen bist. Und die schlimmste Art von Opfer sind diejenigen, die denken, keine zu sein.

»Furcht zu haben, bedeutet, menschlich zu sein; die Furcht zu vermeiden, bedeutet, die eigene Menschlichkeit auszublenden.«

Furcht kann in zwei Richtungen gehen. Auf der einen Seite versuchen wir unser Bestes, sie zu vermeiden. Und doch fühlen wir uns gleichzeitig unerklärlicherweise zu ihr hingezogen.

Denk noch mal an die Achterbahn. Viele von uns sparen monatelang auf eine Fahrt quer durchs Land in einem überfüllten Auto voll mit mürrischen Familienmitgliedern, nur um dann eine halbe Stunde in der Schlange zu stehen und sich schließlich auf der größten und schlimmsten Achterbahn weit und breit vor Angst in die Hose zu machen. Mal im Ernst, es ist angsteinflößend, aber auch sicher!

Manchmal tun wir alles, was in unserer Macht steht, um Angst zu vermeiden. Und im nächsten Moment suchen wir förmlich nach der Angst – immer vorausgesetzt, wir erleben sie in einer Umgebung, über die wir eine gewisse Kontrolle haben. Warum sonst sind Horrorfilme so beliebt? Natürlich mag nicht jeder Achterbahnen. Oder Horrorfilme. Und nicht jeder wird von

Angst angezogen. Einige von uns meiden sie um jeden Preis. Wir verbringen den ganzen Tag drinnen, in unserem Schlafzimmer oder im Wohnzimmer, und versuchen, selbst dem leisesten Hauch von Angst fernzubleiben.

Auf einer bestimmten Ebene glauben wir, dass Angst vermieden werden muss. Dass wir die Angst nicht zu oft besuchen sollten. Dass sie zu unsicher und beunruhigend ist.

Also tun wir Dinge, die uns helfen, sie zu überwinden oder zu ignorieren. Das können ein paar Pillen sein, die dich vorübergehend beruhigen. Vielleicht meditierst du auch, trinkst Alkohol oder rauchst Gras, um dieses Gefühl der Angst abzumildern – um den Bammel zu dämpfen, wenn du dich in sozialen Situationen ängstlich fühlst oder von den Sorgen um die Rechnungen dieses Monats aufgefressen wirst. Oder wir vermeiden einfach alles. Wir verabscheuen alles, was in unsere kleine Blase der Sicherheit und Geborgenheit eindringt.

Wenn du zum Beispiel in sozialen Situationen ängstlich bist, vermeidest du sicher Partys, Menschenmengen oder sogar romantische Beziehungen, nur um nicht in eine unangenehme oder unbequeme Situation zu geraten. Eine Situation, von der du denkst, dass du damit nicht umgehen kannst.

Das kann sich auch auf akademische oder intellektuelle Bestrebungen beziehen. Du vermeidest es, diesen Aufsatz zu schreiben, dieses Buch zu lesen oder diesen Kurs zu belegen, weil du Angst davor hast. Oder du schiebst die Gründung des Unternehmens auf, bittest auf keinen Fall um die Gehaltserhöhung, drängst nicht auf den Abschluss – wie so oft offensichtlich aus Angst.

Aber mal im Ernst. Angst hat nichts mit dir zu tun. Sie ist kein Makel, keine Schwäche, die nur du hast. Tatsächlich ist sie so natürlich wie dein Haar, das wächst. Es ist ein wesentlicher, unausweichlicher Bestandteil deiner Menschlichkeit.

Und die Dinge, die du im Leben vorhast, die Ziele, die du dir gesetzt hast, die Träume, die du dir ausgedacht hast, musst du, wenn du sie wirklich erreichen willst, mit und trotz der Angst angehen.

Achte auf das Wort »mit«. Du bist kein ängstlicher Mensch. Noch mal: Es geht nicht um dich. Aber die Angst ist da, und du agierst mit ihr, lebst mit ihr, unabhängig, ganz bewusst. Und damit übernimmst du die volle Verantwortung für die Art und Weise, wie du damit umgehst, wenn die Angst einsetzt. Wenn du die Angst besiegst, bist du jemand, der in ihrer Gegenwart handeln kann und der die eigene Erfahrung selbst kontrolliert. Angst zu haben, ist nicht das Problem; das Problem ist, wenn die Angst von dir Besitz ergreift und dich hat.

Versuch nicht länger, die Angst verschwinden zu lassen. Nimm sie als zu dir gehörig an und geh trotz ihr in die Welt hinaus. Dein Leben wartet auf dich.

9

Erfolg

*Wer auch immer du bist,
du bist erfolgreich. Das Ding,
dem du nachjagst, bist du bereits.
Und zwar genau hier und jetzt.
Es geht nicht darum, irgendetwas
zu werden, sondern diesen Augenblick zu nutzen, um auszudrücken,
wer du bereits bist.*

Ich bin den Erfolg verdammt leid. Nein, wirklich.

Zumindest den Erfolg, wie er heutzutage in den meisten modernen Gesellschaften dargestellt wird. Er ist ein kompletter Betrug, dem wir alle unwissentlich auf die eine oder andere Weise aufgesessen sind. Ich bin es nicht leid, erfolgreich zu *sein*. Ich habe es aber satt, dass Menschen ein Weg zum Glück vorgegaukelt wird, auf den sie immer wieder aufs Neue hereinfallen.

Erfolg und Glück sind zwei verschiedene Phänomene, die man nie verwechseln sollte. Wenn, dann geschieht das auf eigene Gefahr!

Auf der einen Seite suchen wir alle nach Seelenfrieden und Erfüllung und dem beständigen Gefühl, die Magie des Lebens zu spüren. Auf der anderen Seite stecken wir gleichzeitig in einem geistlosen Wettlauf fest, auf ein Ziel in der Zukunft ausgerichtet, an dem sich alles auf wundersame Weise richten soll. Deshalb werden der Seelenfrieden und die Erfüllung genau jetzt gegen Sorgen und Ängste eingetauscht. Statt uns lebendig zu fühlen, sind wir schier überwältigt und klammern uns an das vorübergehende Hochgefühl, es irgendwann zu »schaffen«. Wie verrückt ist das denn?

Erfolg ist ein ermüdendes und schmerzhaft langweiliges Thema für Tausende Bücher, Seminare, Philosophien, Pläne und Strategien. Offenbar jagen wir alle in der einen oder anderen Form dem dummen Erfolg hinterher. Sogar diejenigen, die von sich sagen, dass sie nicht dem Erfolg nachjagen, und diejenigen, die nicht im »Hamsterrad« feststecken, verfolgen ihre eigene Version von Erfolg. Sie tun dies nur nicht auf eine Art und Weise, die für sie selbst leicht erkennbar ist. Oft tun sie es in Form einer kleinlichen Rebellion gegen die Gesellschaft oder die Eltern oder »die da oben«, wer auch immer das sein mag.

Der Wunsch nach weniger kann genauso verzehrend sein wie der Wunsch nach mehr.

Aber was ist »Erfolg« wirklich? Wichtiger noch, was ist er für dich? Woran würdest du festmachen, ob du überhaupt Erfolg hattest? Mehr Geld? Weniger Stress? Reisen?

Wir mögen zwar sehr unterschiedliche Visionen oder Definitionen von Erfolg haben, aber letztendlich setzt Erfolg ein gewisses Maß an Konsens voraus, an Beziehung zu den Menschen und der Welt um uns herum.

Kurz gesagt: Wir haben in dieser Gesellschaft eine allgemeine Vorstellung davon, was Erfolg ist und was nicht. Selbst wenn sich nur hundert andere Menschen auf deine spezielle Version von Erfolg einigen können, ist das immer noch eine Einigung. Aber eine Einigung auf etwas bedeutet längst nicht, dass es auch Realität ist. Den größten Teil deines Lebens unterwirfst du dich der Realität, auf die du dich geeinigt hast und an der du jetzt festhältst.

Jeder versucht, »dorthin« zu gelangen, wobei aus Arroganz und Unwissenheit vollkommen ausgeblendet wird, dass es kein »Dort« gibt. Das ist nur eine Illusion. Ein Betrug. Es gibt immer nur ein »Hier«. Es gibt nur eine Zeit: »Jetzt«. Keine Vergangenheit, keine Zukunft, nur diesen Moment hier und jetzt. Wenn dich dieses Wissen nicht wachrüttelt, dann schläfst du für immer. Dann bist du ein verdammter Roboter.

Dein Leben ist eine Abfolge von »jetzt stattfindenden Momenten« – und dann stirbst du. Und das war's. Alles andere sind nur Gehirnstrukturen und alte Emotionen und Verhaltensweisen. Wenn du jetzt nicht glücklich/befriedigt/erfüllt sein kannst, wann dann? Später? Oh my fucking God! Hast du überhaupt aufgepasst? Richte deine Augen und Ohren voll und ganz auf deine reale, reale, reale Realität, diejenige, die gerade jetzt direkt vor dir steht.

Ich bring es gerne so auf den Punkt: Du bist immer »hier«, aber bist du jemals wirklich hier für das, was hier ist?

Bist du hier, um zu lieben, zu vergeben, etwas zu riskieren, zu sein, etwas zu tun, um das, was möglich ist, im Hier und Jetzt umzusetzen? Mal im Ernst, auf welchen anderen Moment wartest du noch?

Denke zurück an all die »Momente«, die du mit Groll, Wut, Zögern, Zynismus, Klatsch und Tagträumen verloren hast – oder was auch immer dir noch einfällt. Wenn du all diese Momente zusammenzählst: Was hättest du mit dieser Zeit alles anfangen können? Kurz vor deinem Tod werden diese vergeudeten Momente das sein, was du noch hast, was du hättest tun können, wer du hättest sein sollen.

Ich gebe nicht einmal dir die Schuld dafür. Wie der Rest von uns wurdest du überlistet, verarscht. Auf einer gewissen Ebene wusstest du das auch schon, hast dich aber trotzdem auf die Scharade eingelassen.

In westlichen Zivilisationen stellen wir uns unter Erfolg im Wesentlichen irgendeine Form von Materialismus vor. Und wir alle sind von der Vorstellung geprägt, dass unser ganzer Scheiß sich magisch in Gold verwandelt, wenn wir erst einmal am Ziel angekommen sind. Ha!!

Das passiert aber nicht.

Und selbst wenn das passiert, ist die Verführung zu groß, zum nächsten »Dort« zu gelangen. Genau wie zuvor. Nicht dein Handeln bringt das Hamsterrad zum Laufen. *Du bist* das verdammte Hamsterrad.

Deine Ziele von einer Karriere, die die Kasse klingeln lässt, von einer Villa, einem wunderbaren, sexy Partner oder der »Freiheit«, das zu tun, was du willst – alles, was du eigentlich willst, ist »mehr, höher, schneller und besser«. In den letzten Jahren haben wir gesehen, dass der Trend in die andere Richtung geht, zu Minimalismus, zu Tiny Houses und Teslas. Zu der Art von Leben, die deine Instagram-Träume beflügeln könnte. Das ist die »Weniger ist mehr«-Version des Erfolgs. Es sind zwar gegensätzliche Enden eines Spektrums, aber im Wesentlichen befinden wir uns immer noch im selben Modus: Wir wollen »dorthin« gelangen. Wir werden alle dazu getrieben, das Ende des Regenbogens zu erreichen. Wähle ein Ende, ein Ziel, und los geht's.

Wir sind immer auf dem Weg irgendwohin, aber nie wirklich hier. Das Problem ist, dass »hier« der Ort ist, an dem »es« ist.

Denk nach.

Sowohl die maximalistischen als auch die minimalistischen Lager sind materialistisch, da sie Erfolg als ein Phänomen betrachten, das irgendwo im Universum existiert. Auch wenn dieser Firmenchef und/oder deine ordentlich tätowierte Barista auf den ersten Blick ganz verschieden aussehen mögen, über ganz andere Dinge zu reden scheinen und ganz andere Dinge schätzen, so sind sie doch höchstwahrscheinlich gleich – nur dass sie jeweils am entgegengesetzten Ende des Spektrums stehen.

Egal, ob du ein Auto aufgrund von Pferdestärken oder nach Benzinverbrauch kaufst, du kaufst immer noch ein Auto. Sogar die Leute, die mit dem Fahrrad oder zu Fuß zur Arbeit kommen, sind nicht ausgenommen. Das ist einfach ihre Version von »besser«.

Die meisten von uns betrachten Erfolg nicht nur als etwas Oberflächliches; wir neigen auch dazu, ihn in die Zukunft zu projizieren. Es ist oft etwas, das später passiert, wenn wir in unserer Karriere weit genug fortgeschritten sind oder genug Stunden im Fitnessstudio verbracht haben. Selbst wenn wir schon eine Menge der Dinge erreicht haben, die wir uns vorgenommen haben, gibt es typischerweise immer noch eine Art besseren Erfolg, auf den wir hinarbeiten und der noch ein, fünf oder zehn Jahre entfernt ist.

Das können ganz verschiedene Dinge sein, x Kilo abzunehmen, y Euro zu verdienen, z Bücher zu lesen oder xy Euro Schulden zu begleichen.

Kurz gesagt, was auch immer deine Version von Erfolg ist, er ist fast immer oberflächlich und findet später statt. Und du hast dich dem verschrieben. Vollständig.

Obwohl die Gesellschaft bekanntermaßen unsere Ansichten darüber beeinflussen kann, wie Erfolg aussieht, beschweren sich viele Menschen, dass sie Opfer sind und konditioniert wurden, dass sie zu diesen Vorstellungen von Erfolg gezwungen oder ausgetrickst wurden, dass sie einer Gehirnwäsche unterzogen wurden, um Dinge, die sie eigentlich nicht wirklich schätzen, gut zu finden.

Da könntest du genauso gut ein riesiges Neonschild über deinem Kopf anbringen, das verkündet: »Ich war's nicht, SIE sind schuld!«

Oh Mann, echt jetzt?

Es gibt keine nebulöse Gruppe von Leuten, die versuchen, dein kleines altes Ich zu konditionieren. Es gibt einfach eine Reihe von bekannten und unausgesprochenen Vereinbarungen in der Gesellschaft – in jeder Gesellschaft – darüber, was gut oder schlecht ist. Und du hast dich dafür entschieden, dich ihnen anzuschließen. Überall auf der Welt begegnest du der gleichen Geschichte – auch wenn jemand in Japan vielleicht eine etwas andere Version von Erfolg im Kopf hat als jemand in, sagen wir, Brasilien.

Das bedeutet, dass du niemandem außer dir selbst die Schuld dafür geben kannst, wie du derzeit den Erfolg betrachtest und wie du mit ihm interagierst. Deine Rebellion dagegen ist eigentlich ein Beweis dafür, dass du weiterhin wie bisher daran glaubst.

Du hast es noch nicht verstanden? Also, all das bedeutet, dass du dich jetzt entscheiden kannst, etwas zu ändern. Du kannst aufhören, an die oberflächliche Version des Erfolgs zu glauben und daran, dass er »irgendwann später« schon kommen wird.

Du kannst diese Version durch etwas Erfüllenderes ersetzen. Das Leben ist keine beschissene Tretmühle. Es ist ein Garten. Einer, der geschaffen und gepflegt und genossen werden muss, und wie es bei allen Gärten üblich ist, gehören dazu manchmal auch Arbeit und Anstrengung. Aber wenn du dich nicht dazu bringen kannst, die Arbeit zu lieben, wirst du auch den Garten nie wirklich lieben.

Das mag schon ein wenig klischeehaft klingen, aber ich glaube daran, dass es »nicht darum geht, wo du hingehst, sondern darum, wo du gerade bist«.

Erfolg findest du nicht irgendwo dahinten auf der Straße oder zwei Monate entfernt. Es ist das, was du bist. Wer auch immer du bist, du bist erfolgreich. Das Ding, dem du nachjagst, bist du bereits. Und zwar genau hier und jetzt. Es geht nicht darum, irgendetwas zu werden, sondern diesen Augenblick zu nutzen, um auszudrücken, wer du bereits bist. Und Ergebnisse? Oh, die kommen, mein Freund, sie kommen, weil du echt bist und danach handelst, wer du bist. Und du hast keine Ängste, Sorgen oder Druck, weil du immer im Hier und Jetzt bist. Solange du diesen Ansatz verfolgst, kümmert sich die Zukunft um sich selbst.

Das heißt nicht, dass du nicht versuchen solltest, dich zu verbessern und etwas zu erreichen. Aber du solltest es nicht mehr verzweifelt erreichen wollen. Vielmehr sollte der Versuch dein eigenes Leben inspirieren.

Du kannst mit dem zufrieden sein, was du bist, und trotzdem nach den großen Dingen streben. Aber es ist nicht mehr der Versuch eines Ertrinkenden, der verzweifelt nach einem Rettungsring greift. Es ist der Versuch von jemandem, der behütet im Boot sitzt oder sicher am Ufer steht, der eine klare Vorstellung davon hat, wo er ist, und darauf auch vertrauen kann.

10

Die Weisheit von Erfolg

Alles beginnt damit, dass du endlich die Verantwortung für dein Leben übernimmst, für das Gute und das Böse, für die Tragödien, die Höhen und Tiefen.

»Sobald die Verantwortung für deine eigene Lebensqualität bei jemand anderem als dir liegt, begibst du dich in die Opferrolle.«

Dieser Scheiß steht wahrscheinlich mal auf meinem Grabstein.

Diese Aussage ist absolut grundlegend für alles, was ich tue. Wenn du eines meiner Bücher gelesen hast oder mir online folgst, kommt dir das vielleicht bekannt vor. Und falls du dem absolut nicht zustimmen kannst, solltest du definitiv einen anderen Weg einschlagen, denn dann bin ich nicht dein Typ. Falls du Schwierigkeiten damit hast, diese Weisheit für dich selbst anzunehmen, ist das in Ordnung; damit können wir zumindest arbeiten. Dein innerer Kampf deutet immerhin auf ein gewisses Maß an Bereitschaft deinerseits hin.

Wenn ich dir sage, dass du allein für dein Leben verantwortlich bist, antwortest du momentan vielleicht wie folgt:

»Ja, aber du hattest nie eine Mutter, die …«

Oder du sagst:

»Sicher, aber mein Ex …«

Oder:

»Nettes Konzept, aber was hat das mit der Realität zu tun, Gary?«

Dein Bankrott, dein Missbrauch, dein Verlust, dein Geburtsort, deine Sexualität, deine Gesundheit, dein Gewicht, dein Alter, deine körperliche Erscheinung, dein Kampf, dein Charakterfehler, dass du verlassen wurdest, ausgenutzt wurdest, überlistet wurdest, gestalkt wurdest – oder was auch immer dir einfällt: Nichts davon bestimmt letztlich, wie dein Leben verlaufen wird. Jedenfalls nicht, wenn du die Vorstellung annimmst, dass der Verlauf deines Lebens nun unausweichlich und untrennbar mit DIR verbunden ist. Wirklich alles davon, kein Scherz.

Es geht nicht um deine Rolle, auch nicht um ein »Ja, aber« oder ein »Was wäre, wenn«.

Wir alle sind darauf konditioniert, die Ereignisse so zu drehen und zu wenden, dass wir persönlich nichts damit zu tun haben, sobald etwas schiefläuft. Dabei ist auch egal, ob du dich ganz offen darüber auslässt, wer es getan hat, oder ob du deine Meinung für später zurückhältst. Sobald die Scheiße aus dem Ruder läuft, suchen wir nach dem, der es verkackt hat. Das Verlangen danach, irgendjemandem die Schuld zu geben, taucht blitzschnell auf und saugt dir die Kraft direkt aus.

Ein Deal ist gescheitert. Summ. »David ist schuld.« Jemand hat vergessen, den Kartoffelsalat zum Grillen mitzubringen. Summ. »Liebling, ich dachte, du wolltest ihn mitnehmen?«

Im Verlauf unseres Lebens werden wir richtig gut darin, das läuft quasi automatisch ab: Wir finden problemlos heraus, wer an all unseren Problemen schuld ist, vom platten Reifen auf dem Weg zur Arbeit über unser leer geräumtes Girokonto bis hin zu dem beschissenen Chef, der uns bei der Beförderung übergangen hat. Wir schaffen das tatsächlich blitzschnell!

Hast du dich nie gefragt, was dieses ganze Drehen und Wenden mit dir macht?

Denn sieh mal: Während du dich aktiv und beständig von der Verantwortung freisprichst, nimmst du dir auf subtile Weise die Macht, etwas Bedeutendes gegen deinen eigenen Schlamassel zu unternehmen. Du nimmst das Lenkrad deines Lebens und legst es in die Hände von jemand anderem – du gibst die Kontrolle ab. Währenddessen sitzt du auf dem Rücksitz, seufzt und rollst mit den Augen, wenn dein Leben unweigerlich eine beschissene Wendung nach der anderen nimmt.

Anderen die Schuld für das zu geben, was in deinem Leben passiert oder passiert ist, löst die Probleme nicht auf. Jemanden zu finden, auf den man mit dem Finger zeigen kann, löst gar nichts. Viel Glück auch beim Warten auf die Entschuldigung; selbst wenn du letztlich eine bekommst, hilft sie dir höchstwahrscheinlich nicht, auch wenn du fest davon überzeugt bist, dass sie das tun sollte.

Das heißt nicht, dass du andere nicht zur Rechenschaft ziehen solltest, wenn sie wirklich Mist bauen. Aber wenn du erfolgreich sein willst, musst du dich selbst ins Zentrum deines eigenen kleinen Kosmos stellen.

Du musst deine Perspektive verändern, die Verantwortung vollständig auf deine eigenen Schultern legen, und du kannst nicht länger so tun, als ob du ein Opfer deiner Umstände und deiner Umgebung wärst. Verantwortung beginnt, indem du dir eingestehst: »Das ist passiert.« Und indem du dich fragst: »Was jetzt?« Wenn dir die Antwort auf diese Frage keine Hilfe ist, dann suche so lange, bis du dich nicht nur an der Quelle deines Problems sehen kannst, sondern auch auf einem Weg, wie du da herauskommst.

Da du Lob und Ruhm erwartest, wenn die Dinge gut laufen und etwa Geld, Respekt und Anerkennung in dein Leben wandern, musst du auch lernen, mit dem Mist klarzukommen – es gibt nämlich nur das Gesamtpaket. Warum? Weil es an dir liegt, Antworten zu finden, nach Lösungen und Klarheit zu suchen, wenn du die volle Verantwortung dafür übernimmst, wie es läuft.

Gelegentlich braucht es auch etwas mentale Akrobatik, damit du es schaffst. Noch mal: Die meisten von uns spielen dieses Spiel schon ihr ganzes Leben lang. Daher musst du ein paar Neuverkabelungen vornehmen, um diesen Instinkt zu überwinden. Vielleicht erkennst du sogar schon bald, wie sehr du bereits zu einem Opfer geworden bist, wie schnell du dich der Hilflosigkeit oder Resignation hingegeben und damit den Weg des Aufgebens gewählt hast.

Du solltest Folgendes wissen: Du schaffst das. Denn du bist die Antwort auf alles in diesem Leben. Alles beginnt damit, dass du endlich die Verantwortung für dein Leben übernimmst, für das Gute und das Böse, für die Tragödien, die Höhen und Tiefen. Es gehört alles dir.

Mit Schuld hat es nichts zu tun (Schuld gehört zur Vergangenheit), und hier verrate ich dir eine simple Analogie, wie du den riesigen Unterschied zwischen Schuld und Verantwortung leicht erkennen kannst: Denke einmal ans Autofahren. Du fährst nicht, als ob du schuld wärst, oder? Du startest nicht das Auto und wirst sofort defensiv oder fühlst dich von Schuld, Scham oder Reue geplagt, wenn dein Fuß das Gaspedal betätigt und die Bestie zum Leben erweckt. Nein, du fährst dein Auto, behältst die Straßenbedingungen im Auge, bist aufmerksam und tust alles, was du tun musst, damit du am Ziel deiner Reise ankommst.

So ist es auch im Leben. Übernimm die Verantwortung für deine Erfahrung, wie das Leben läuft. Irgendwann siehst du vielleicht Verantwortung mit denselben Augen wie ich.

Als das größte Geschenk deines ganzen Lebens.

Du sitzt am Steuer, Baby, jetzt fahr das verdammte Ding.

»Es ist nicht so, dass ich das Scheitern liebe, aber ich habe auch keine Angst davor.«

Zumindest ist meine Angst nicht groß genug, um aufzuhören.

Inzwischen ist es fast zu einem nervigen Trend geworden, dass Leute darüber reden, dass man das Scheitern lieben, es umarmen muss. Manche Menschen bekennen sich sogar dazu, das Scheitern zu genießen!

Nun, wenn man dies als eine Art Philosophie betrachtet, bin ich nicht 100 Prozent dagegen. Mit der Angst vor dem Scheitern als solchem habe ich kein Problem. Das ist meistens eine gesunde Einstellung. Zumindest bringt es dich dazu, darüber nachzudenken, wie du derzeit mit Scheitern umgehen könntest, anstatt es zu vermeiden. Aber die Vorstellung, eine Niederlage vollkommen liebevoll zu akzeptieren, überzeugt mich nicht wirklich. Es ist nicht nur kontraintuitiv, es wird auch allzu schnell kontraproduktiv.

Was du brauchst, ist eine dich stärkende, aber realistische Beziehung zum Scheitern. Denn letztlich lässt es sich nicht vermeiden, dass du scheiterst, wenn du in irgendeiner Art und Weise Erfolg hast. Auf deinem Weg zu deinem angepeilten

Erfolg erleidest du garantiert Rückschläge, winzige wie gigantische. Und selbst wenn du »deinen« Erfolg erreicht hast, bist du noch nicht mit dem Scheitern fertig. Sogar diejenigen auf dem Gipfel des Berges haben damit zu kämpfen.

Es ist also sinnvoll, sich mit dem Scheitern auseinanderzusetzen und es in die richtige Perspektive zu rücken. Wir arbeiten im Folgenden darauf hin, uns mit der *Möglichkeit* des Scheiterns vertraut zu machen. Wir werden es uns nicht zu bequem machen und wir werden uns auch nicht in das Scheitern verlieben; wir werden uns gerade bequem genug einrichten, um das Scheitern am fernen Horizont auftauchen zu sehen, aber trotzdem vorwärtszudrängen. Es sollte dich einfach nicht auf deinem Weg bremsen.

Du darfst dir beim Scheitern auf keinen Fall den emotionalen Ballast, der dranhängt, aufbürden. Lass dich nicht entmutigen oder runterziehen und gib nicht zu früh auf, wenn mal was schiefläuft. Scheitern ist zwar ein wesentlicher Bestandteil von Erfolg, aber es gibt auch eine Menge Leute, die schon millionenfach versagt haben und nie erfolgreich waren. Die ein Dutzend gescheiterte Geschäfte oder Beziehungen hinter sich haben, ohne einen einzigen wirklichen Erfolg vorweisen zu können.

Anstatt das Scheitern also mit offenen Armen zu begrüßen, solltest du dich vielmehr mit dem Gedanken anfreunden, dass du dich nicht von ihm aufhalten lassen willst. Dass es alles Teil des Spiels ist. Wie stehst du derzeit zum Scheitern?

Hiermit wären wir beim eigentlichen Problem des Scheiterns. Wie schon im Kapitel über Angst besprochen, basteln wir uns oft Realitäten in unseren Köpfen zurecht, die nicht real sind. Das gilt auch fürs Scheitern. Du wirst definitiv nicht daran sterben, dass dein Geschäft den Bach runtergeht oder du gefeuert wirst. Du kannst durchatmen, dich neu aufstellen und in eine andere Richtung gehen. Du bist lebendig – du hast Ideen und einen Puls. Das ist ein großartiger Anfang. Lerne realistisch zu sein, was die Auswirkungen des Scheiterns angeht, anstatt dir Sorgen zu machen, dass du daran sterben wirst.

»Positiv zu sein, wird überbewertet.«

Viele lieben es, über Positivität zu sprechen. Mit einer positiven Einstellung können wir alles erreichen, wir können unser Leben, ja sogar die Welt verändern! SEI POSITIV!!

Hey, es ist jetzt nicht so, dass ich Positivität hasse. Es ist auch nicht so, dass ich herumlaufe und die Leute anschreie, die lächeln, oder dass ich den ewig Fröhlichen erzähle, wie scheiße mein Tag gelaufen ist, oder dass ich gelegentlich nette alte Damen im Einkaufszentrum herumschubse.

Aber wenn du auf finanziellen, beruflichen, unternehmerischen oder jedwede andere Art von Erfolg aus bist, dann kommen irgendwann die Zeiten, in denen du abliefern musst – und das, obwohl jede Faser deines Wesens »NEIN!!!« schreit. Obwohl dich schwere Zweifel plagen, obwohl dich die Ungewissheit lähmt und obwohl du resignierst, deprimiert bist oder hoffnungslos zynisch, was die vor dir liegende Aufgabe angeht.

Manche würden dann sagen: »Nun, du musst einfach lernen, positiver zu sein!«

Mach dir keine Mühe, mein Freund. Das ist ein Umweg, den du dir nicht leisten kannst. Dreh keine Extrarunde.

Ich gebe ehrlich zu, dass ich schon ein bisschen Schadenfreude verspüre, wenn all die positiven Menschen, die dachten, sie könnten etwas reißen, versagen. Wenn diejenigen, die zuversichtlich, inspiriert waren und bombensicher glaubten, dass sie es schaffen würden, es doch nicht schaffen – selbst wenn sie von Kopf bis Fuß mit einer tröstlichen Decke aus vor Positivität funkelndem Staub gesegnet waren. Warum ich schadenfroh bin? Ich sehe es als meine Mission an, für die einzutreten, die es niedergestreckt hat, die sich überfordert oder gefangen fühlen. Und diesen Menschen einfach zu sagen, dass sie nur positiver sein müssen, ist ein schreckliches Fehlverständnis dessen, womit die Menschen wirklich zu tun haben.

Positivität als Phänomen ist durchaus okay, und verdammt, es stärkt vielleicht auch während der Reise und hilft, dein Leben umzudrehen. Aber das war's dann auch schon, was die Nützlichkeit von Positivität betrifft. Mir ist wichtiger, dass die Menschen für sich entdecken, dass sie wunderbare Ergebnisse erzielen können, und zwar unabhängig davon, wie sie sich fühlen. Zuerst dem heiligen Gral der Positivität nachzujagen, lenkt dabei ab.

Dann gibt es diejenigen, die sich so verdammt tief in diesen falschen Schein der Positivität vergraben haben, dass sie, selbst wenn sie spektakulär scheitern, die Auswirkungen ausblenden oder sich ihnen nicht stellen. Wie jemand, der ganz schrecklich singt, aber trotzdem ununterbrochen davon erzählt, dass er bald den Durchbruch schaffen und der nächste Superstar werden wird, oder wie die verzweifelte Seele, die zusieht, wie ihr Haus niederbrennt, während sie sich – ganz positiv – dankbar für die Gelegenheit die Hände an dem flammenden Inferno wärmt.

Machen wir einmal einen kurzen Ausflug in die Welt der Vögel: Du kennst sicher die Elster und weißt, dass sie von glänzenden Gegenständen angezogen wird – besonders von Silber. Wenn du zufällig auf eines ihrer Nester stößt, wirst du alle möglichen Metallreste finden und vielleicht sogar den einen oder anderen verlorenen Verlobungsring.

Elstern konzentrieren sich voll und ganz auf das Sammeln dieser glänzenden Dinge, genau wie viele von uns von der Verlockung des Positivseins besessen sind. Diese Fokussierung lenkt dich zwar von dem Chaos in deinem Nest oder von deinen hungrigen Küken ab, aber was soll's, dafür hast du den Coladosenring, der sich in deiner Sammlung prima macht. YAY!

Und das ist es, was diese Besessenheit ist: eine Ablenkung. Während du eifrig auf eine positive Einstellung hinarbeitest, wartet überall um dich herum Scheiß darauf, erledigt zu werden. Aber du lässt dich entweder von deinem Streben nach etwas Enthusiasmus oder Motivation ablenken, oder du lässt dich von diesem zuckersüßen Schleier der Positivität blenden, sodass du vielleicht gar nicht mitbekommst, wie dein kleines Imperium zerbricht und untergeht. Bis es zu spät ist.

Das ist dann eines dieser Ereignisse, die »aus dem Nichts« kamen, stimmt's? Nein, es kam nicht aus dem Nichts; du hast es nur komplett verpasst, obwohl du es direkt vor deiner kleinen positiven Nase hattest.

Letztlich geht es immer darum, ob du etwas tust oder nicht. Auf dieses Tun solltest du dich konzentrieren, nicht darauf, ob etwas dich mit Positivität erfüllt oder nicht. Denn wenn du ehrlich zu dir selbst bist, dann siehst du, dass du trotz einer scheinbar negativen Denkweise schon etliches in deinem Leben produziert hast. Verdammt, einige meiner größten Siege habe ich mit dieser dumpfen inneren Stimme hinbekommen, die immer wieder hämmernd betont hat, dass ich es nicht schaffe. Das kleine Männchen im Kopf begleitet mich übrigens öfter und zieht mich runter. Ich habe es trotzdem geschafft.

Und du hast es auch geschafft. Vielleicht hast du den Job bekommen, von dem du nicht gedacht hast, dass du ihn bekommen würdest. Du hast ein Projekt abgeschlossen, bei dem du immer mal wieder an deinen eigenen Fähigkeiten gezweifelt hast. Und wenn man mal ganz klein denkt, dann hast du den Müll rausgebracht oder bist aus dem Bett aufgestanden, obwohl deine Motivation dafür unterirdisch war. Positivität ist in Ordnung. Aber sie gehört nicht notwendigerweise dazu, um erfolgreich zu sein. Ich kann gut nachvollziehen, dass alles, was hell und funkelnd ist, eine magische Anziehungskraft ausübt – gerade wenn man beständig der Positivitätspropaganda ausgesetzt ist. Wie alle emotionalen Zustände kommt und geht die Positivität, hängt flüchtig oder manchmal auch länger herum, aber du solltest sie niemals als ein Zeichen dafür sehen, wie oder ob du weitermachen solltest.

Wenn es tatsächlich etwas gibt, das du dir unbedingt aneignen solltest, dann wäre es die Fähigkeit, in deinem Leben kraftvoll zu handeln, selbst wenn Positivität, Motivation oder Begeisterung fehlen.

Aktion ist der Schlüssel; alles andere ist nur Schein.

»Wahre Stärke kommt nicht aus deinem Charakter, sondern aus deiner Bereitschaft, über dich hinauszuwachsen.«

Wer bist du? Nein, im Ernst. Wer *bist* du eigentlich?

Bevor du anfängst, über den Geist des Universums oder so etwas zu schwadronieren, verrate ich es dir lieber.

Du bist ein schlechter Schauspieler.

Aktuell bist du kaum mehr als eine Reihe von vorhersehbaren Verhaltensweisen, Gedanken und Emotionen, die zu sich wiederholenden neuronalen Mustern in deinem Gehirn trainiert werden. Und diese »geprägten Muster« machen dich aus und bestimmen alles, tagein, tagaus. Sie sind deine Routine, dein Drehbuch, der Archetyp deines Charakters.

Natürlich gehört dir immer die Hauptrolle in deinem kleinen Theaterstück. Vielleicht bist du der mysteriöse und doch charismatische Schurke oder der unerbittliche Komiker, der abends in sein Kissen weint, oder der gefallene Engel, der sich gegen all die Missetaten wehrt, die ihm von dieser grausamen und bösartigen Welt auferlegt werden. Vielleicht bist du der ruhige

Pragmatiker mit diesem Hauch von Arroganz, der alle anderen dabei beobachtet, wie sie ihr Leben vermasseln. Und vielleicht liest du dieses Buch bereits mit dem Ansatz »Das weiß ich alles schon« – überzeugt hoch zehn.

Tagtäglich suchen wir bei unserem Charakter nach Stärke, wir lehnen uns an ihn an, um das zu bekommen, was wir wollen. Der Komiker wird Humor einsetzen, um sich aus unangenehmen Situationen zu befreien, damit die Menschen ihn mögen. Der Pragmatiker wird beobachten, sich Zeit nehmen und sich Situation für Situation strategisch vorarbeiten. Aber die Sache ist die: Wenn du neue, große Dinge im Leben erreichen willst, Dinge, die du noch nie getan hast, dann genügt dieser Charakter nicht. Dann musst du neue Wege finden, um über die Person hinauszuwachsen, als die du dich selbst kennengelernt hast.

Der Erfolg stellt sich dann ein, wenn du dich vom Drehbuch und den Zwängen dessen, was du geworden bist, befreist. Beschreite neue Wege, sei mutig, wo du dich vorher zurückgezogen hast, sei geduldig, wo du vorher spontan ins kalte Wasser gesprungen bist – und umgekehrt. Du musst das ganze Spektrum von »dir« selbst erforschen. Verlass dich nicht länger auf die magere Auswahl dessen, was du geworden bist. Erinnerst du dich? Du bist ein Wunder des Seins.

Du könntest alles sein. Genau jetzt, in diesem Moment.

Genau jetzt könntest du gespannt oder inspiriert oder kraftvoll oder leidenschaftlich oder mutig sein. Welcher »Weg des

Seins« erlaubt es dir, über dich hinauszuwachsen und etwas Neues in deinem Leben zu schaffen? Welche Art des Seins befreit dich aus dem Morast deines gegenwärtigen Charakters? Du besitzt bereits die tiefe und mächtige Fähigkeit, dich unter allen Umständen ins Leben zu bringen. Du musst nur für dich selbst einstehen.

Wahre Stärke ist kein Produkt deines Charakters. Wahre Stärke offenbart sich, wenn du etwas tust, was du noch nie zuvor getan hast, wenn du denkst: »Ich weiß nicht.« Oder: »Ich bin zu müde.« Oder: »Ich kann das nicht tun.« Wenn du darüber hinausgehst und es trotzdem tust, dann zeigt sich wahre Stärke.

Der Grund: In diesem »Darüberhinaus« findest du neue Ebenen der Stärke. Es öffnen sich eine Reihe von Wegen, die du erforschen kannst.

Noch mal: Wenn du versuchst, im Leben weiterzukommen, wenn du versuchst, deine zukünftige Situation zu verbessern, sie auf die nächste Ebene zu heben, dann wirst du dich diesen Charaktertests stellen müssen. Das sind die Zeiten, in denen der Mensch, der du geworden bist, um seine Bedeutung kämpft. Es lässt sich nicht genau vorhersagen, wann oder wie diese Prüfungen auftauchen werden, aber eines ist sicher: Sie tauchen irgendwann auf.

Dann hast du die Wahl, weiterhin derselbe Mensch wie vorher zu bleiben oder die Rolle zu wechseln. Du kannst deine Zeilen aus dem Drehbuch einfach wie vorgegeben wiederholen – oder du kannst improvisieren, dich befreien, dich den

Herausforderungen stellen und neue Wege beschreiten, um die Hindernisse zu überwinden.

Wenn du alles, was du bist, infrage stellst, befindest du dich in einem kritischen Moment der Neufindung – du brichst ins Unbekannte auf, um zu erforschen, wer du sein könntest, wer du sein *musst*, um aus dem Vertrauten auszubrechen.

Wie aber macht man so etwas? Wahrscheinlich kennst du die Antwort schon. Auch wenn du dir lange eingeredet hast, dass das für dich nicht infrage kommt.

Da ist dieses Geschäft, dieser Job, dieses Musikinstrument, der Pinsel oder die Modelliermasse oder die Idee, die in deinem Bewusstsein brennen. Sei es aus Liebe, aus Leidenschaft, aus Abenteuerlust oder warum auch immer – ergreife diese Möglichkeit und mach sie dir zu eigen.

Tritt vor die Tür, ins Unbekannte und Unberechenbare, und lass die Spiele beginnen.

»Das Leben ändert sich immer nur dann, wenn du dein Handeln änderst.«

Du lebst derzeit im Fadenkreuz zweier verschiedener Welten.

Die eine ist die innere Welt deiner Gedanken, Gefühle und Emotionen. Die andere ist eine Welt der Verhaltensweisen oder Handlungen. Du magst denken, dass das alles nur eine Welt ist. Und genau das ist ein Grund dafür, warum dein Leben so ist, wie es ist. Du verbringst viel Zeit damit, deine beiden voneinander getrennten und unterschiedlichen Welten zusammenzubringen.

Als Gesellschaft sind wir immer mehr von der Idee besessen, dass wir uns nur dazu bringen müssen, anders zu fühlen, um dann anders handeln zu können.

Wenn du deine Gedanken/Gefühle/Emotionen änderst, änderst du auch dein Leben, oder? Falsch.

Die meiste Selbsthilfescheiße, die es heutzutage gibt, wird von diesen oder ähnlichen Themen beherrscht: sieben Schritte, um selbstbewusster zu werden; das Selbstwertgefühl steigern in dreißig Tagen; die Motivation erhöhen mit einem simplen Trick am Tag. Das sind alles vergebliche Versuche, deinen inneren Zustand irgendwie mit dem, was um dich herum passiert, in Einklang zu bringen. Es scheint fast so, als würde dein Leben so lange feststecken, bis du diesen Scheiß in Einklang gebracht hast, richtig?

Alles dreht sich darum, einen neuen emotionalen Zustand zu erschaffen. Und von da an, so sagt man uns, wird diese neue Art des Fühlens uns die neuen Wege des Handelns eröffnen, die wir schon immer wollten. Wenn wir uns nur ein bisschen weniger deprimiert und mehr enthusiastisch fühlen, werden wir endlich handeln und dahin kommen, wo wir hinwollen. Genau dieses Muster haben wir uns schon einmal angeschaut, nämlich als es um Positivität ging – die, wie wir gesehen haben, auch nicht die Lösung bietet.

Ich verrate dir auch, warum das nicht funktioniert.

Weil all unsere Erfolge darauf beruhen, etwas anders getan zu haben als zuvor – und ich spreche hier von 100 Prozent der Fälle. Die Illusion besteht in dem Glauben daran, dass eine Veränderung deiner Gefühle dazugehört – die meisten glauben das und haben daraus eine falsche Wahrheit geformt. Eine schlechte Weisheit.

Sicher, manchmal verstärkt eine Veränderung in unseren Gefühlen die Motivation, etwas zu verändern. Aber indem wir verändern, was wir tun, verändern wir die Realität. Nur durch unser verändertes Handeln passieren Veränderungen auch in der physischen Welt. Auch wenn uns Gefühle wie Motivation oder

Vertrauen oder was auch immer fehlen, funktioniert das Handeln immer noch. Neue Gefühle ohne Aktion ändern nichts. Übrigens ist ein Pluspunkt unseres veränderten Handelns, dass sich unsere Gefühle auf dem Weg mit verändern.

Genau deshalb fühlst du dich motivierter und glücklicher, *nachdem* du angefangen hast zu trainieren, und nicht vorher.

Ich weiß, dass dir das hier ein bisschen gegen den Strich geht, aber wenn du nicht konsequent handelst, um deine Zukunft voranzutreiben, dann ist alles andere nur eingebildeter Schrott.

Alles, was etwas bedeutet in unserem Leben und in unserer Geschichte, hat mit einer kleinen Aktion begonnen. Deshalb rate ich dir, all deine Aufmerksamkeit, all dein Hirnschmalz und deine Energie darauf auszurichten, die Welt des Handelns zu beeinflussen. Damit fängst du an, ein Leben aufzubauen, das darauf ausgerichtet ist, dein Handeln anzukurbeln und zu verändern – und nicht deine Emotionen.

Natürlich ist es nicht falsch, deine Stimmung oder dein Selbstvertrauen zu verbessern. Aber der sicherere Weg zum Erfolg führt darüber, Dinge anders zu machen, auch wenn du dich dabei gleich fühlst. Wenn du dich scheiße fühlst und trotzdem dieses Projekt raushaust. Wenn du nervös oder sogar ängstlich bist, dich aber trotzdem traust, jemanden auf ein Date einzuladen. Wenn du dich abgelenkt fühlst, aber trotzdem lernst.

In den meisten Berufen fällt deine Bezahlung nicht schlechter aus, wenn du mies drauf bist. Solange du deinen Job machst, ist alles gut. Aber wenn du die Arbeit nicht erledigst, dann gibt's weniger Geld (nämlich nichts!), obwohl du gefühlsmäßig auf Wolke sieben schwebst.

Das liegt daran, dass es auf dein Handeln ankommt und nicht darauf, wie du dich fühlst.

Also: Reiß dich zusammen und handle!

11

Wise as F*ck – Ein scheiß- weises Leben

Wir sind auf ein Leben aus,
das eine Bedeutung hat.
Ein Leben voll Sinn. Ein Leben,
das einfach scheißweise ist.

Unsere gemeinsame Zeit ist fast vorbei, und ich möchte dir etwas wirklich Lebensveränderndes hinterlassen.

Ich habe so viel Weisheit in diese Seiten gepackt, wie ich nur konnte. Gleichzeitig habe ich mich bemüht, das Buch nicht in ein Monster zu verwandeln, für das niemand Zeit zum Lesen hat. Heutzutage sieht es nämlich so aus, als würden wir von vorne bis hinten ganz allgemein einfach mit Informationen bombardiert, die allesamt unsere Zeit beanspruchen.

Aber wir haben auch wichtige Bereiche abgedeckt. Jetzt liegt es an dir, dich einigen dieser Säulen des Lebens zu widmen und wirklich durchzudenken und dich damit auseinanderzusetzen, was dich leiten soll. Welche falschen Annahmen, die du von der Liebe hast, solltest du in die Tonne hauen? Was wirft dich aus der Bahn, wenn es um Angst oder Verlust oder Erfolg geht? Es liegt wirklich an dir, deinen Anspruch auf das Leben, das du dir wünschst, abzustecken, und zwar auf einer greifbaren Grundlage und nicht basierend auf tagtäglichen emotionalen Wellen und Geschichten, die bisher deine Gedanken und Reaktionen beherrscht haben.

Wenn du das Gefühl hast, deine Säulen im Leben im Griff zu haben, möchte ich, dass du dir einen Moment Zeit nimmst, um mit mir über dein Lebenswerk nachzudenken.

Ja, du hast richtig gelesen, dein Lebenswerk. Dein Meisterwerk, dein Opus, die funkelnde Herrlichkeit deiner Existenz. Du weißt schon, die Sache, die noch hier sein wird, wenn du weg bist. Dein Einfluss, dein Vermächtnis. Es ist mir total egal, ob du zwanzig oder achtzig bist, dieser einen Frage muss sich jeder stellen. Hast du zumindest schon einmal darüber nachgedacht, was du hinterlassen wirst? Was *willst* du hinterlassen?

Ich erinnere mich noch gut daran, als ich fünfzehn oder sechzehn Jahre alt war. Ich redete mit meinem besten Kumpel (der übrigens auch heute noch mein bester Kumpel ist) und machte mir Gedanken über unsere Zukunft. Er fragte mich: »Was willst du mal machen?«

Ich antwortete: »Ich weiß es nicht, aber ich möchte etwas machen, das nach meinem Tod weiterlebt.«

Nun wäre es eine unglaublich starke und magische Aussage, wenn ich jetzt behaupten würde, dass dieses brennende Verlangen nach einem sinnerfüllten Leben mich angetrieben und zu dem Mann gemacht hätte, der ich heute bin … aber das wäre gelogen. Die Worte verließen meinen Mund und wehten folgenlos in den schottischen Sommerhimmel davon. Es folgte ein belangloses Gespräch. Irgendwas über Musik und Fußball.

Um ehrlich zu sein, war ich in diesen Dingen auch nicht sonderlich gut.

Die ersten vierzig Jahre habe ich mit meinem Leben gerungen – und meistens habe ich verloren. Mein Leben war stinknormal und unauffällig, und das nicht nur weil ich stinknormal bin (ich bin es, wir alle sind es), sondern auch weil ich nichts vorhatte, was mich aus dem Morast rausgeholt hätte. Im Grunde bestand mein Leben allein aus den langweiligen Angelegenheiten, die der jeweilige Tag, die Woche oder der Monat eben so mit sich brachten.

Geld verdienen, Freunde finden, einen Partner finden, ein Haus kaufen, in Urlaub fahren, sich beschweren, Spaß haben, sich beschweren, mehr Spaß haben, sich wieder beschweren, die Rechnungen bezahlen, vorwärtszukommen versuchen, den einen oder anderen Traum verfolgen, mehr Urlaub machen, mehr Rechnungen bezahlen, mehr Haus, mehr Auto, versuchen, mit meiner Familie auszukommen – du verstehst schon. Und genau das ist, was auch alle anderen machen. Warum sollte ich das also nicht auch machen?

Vielleicht ähnelt das Ganze ja auch deinem Leben?

Ich bin erst mit vierzig wirklich aufgewacht. Bis dahin war ich in meinen Vorstellungen gefangen und verfolgte aus der Enge meines eigenen selbst gesponnenen kleinen Daseins heraus das, was mir »realistisch« erschien.

Ich bin mir absolut sicher, dass ich es später bereut hätte, wenn ich einfach so weitergemacht hätte.

Ich hatte zwar meine Erfolge, sicher, ich hatte Freunde und Familie und ein Dach über dem Kopf, aber mein Leben steuerte trotzdem nicht annähernd auf das ersehnte Land der Zufriedenheit und des Glücks zu. Und wenn man einen Schritt zurücktritt und sich das Ganze anschaut, dann erkennt man, dass es auch völlig in Ordnung ist, all diese Dinge als Bestandteile des eigenen Lebens zu haben. Dennoch sagen sie nichts darüber aus, wofür das eigene Leben genutzt wird.

Ich hatte ein Leben, das wie deins von Handeln bestimmt war. Was ich aber brauchte, war ein Leben, das davon bestimmt ist, zu sein. Genau das brauchst auch du. Ich brauchte dringend ein Leben, das mich dazu herausforderte, jemand zu *sein*, der ich noch nie zuvor gewesen war. Und dieses Leben verlangte von mir, die Herausforderung jeden Tag anzunehmen. Es zwang mich, endlich zu reagieren und mir den ganzen Scheiß selbst zusammenzupuzzeln.

Irgendwann stellte sich mir die Frage: »Wenn ich so weitermache, wie geht das alles für mich aus?« Die Antwort schrie mir aus dem Abgrund meiner Zukunft entgegen. Das Leben gestaltet sich nicht von selbst. Ich werde wahrscheinlich kämpfend und hoffend und suchend sterben, vielleicht von einem hoffnungsvollen Optimismus oder einem philosophischen Achselzucken betäubt. Also: Wie antwortest du auf diese Frage für dich selbst? Lass einmal alle Hoffnung außen vor und sag die Wahrheit.

Denk für einen Moment darüber nach. Schau dir den Verlauf deines Lebens an, all die Dinge, die du gerade erträgst oder aufschiebst, unter denen du leidest oder mit denen du kämpfst. Folge dieser Abwärtsspirale vor deinem inneren Auge einmal den ganzen Weg entlang. Betrachte deine Beziehungen, deinen Körper, deine Finanzen, deine Leidenschaften, deine Schwachpunkte und Leiden. Erkenne, wie du in deiner Vergangenheit eine Vorliebe für belastende Situationen hattest. Verbinde dich mit deiner Realität, dem Gewicht von dem, was in dir vorgeht. Das ist keine Theoriestunde und auch keine Generalprobe für ein späteres Leben; es ist dein Leben.

Wie wird es für dich ausgehen, wenn du so weiterlebst wie bisher?

Ich warte hier eine Weile auf dich, lass dir Zeit und lass die Antwort einsinken.

Stell sie dir vor: die eiskalte, harte Realität dessen, was auf diesem speziellen Weg noch kommen wird.

Siehst du es vor dir? Okay, atme ein. Atme aus. Press die gesamte Luft aus deiner Lunge.

Das musst nicht du sein. Du kannst dich verändern. Und zwar heute. Es ist mir egal, wie alt du bist, für wie beschissen du dich hältst oder wie gefangen du in den Verstrickungen deines Alltags bist. Ich zeige dir jetzt, wie du ein echtes, funktionierendes Leben führen kannst, eins, das dich auf den richtigen Weg bringt und beständig ist. Ich zeige dir, wie ein scheißweises Leben aussieht!

Es geht nicht um dich – das ging es noch nie

Um es ganz offen zu sagen, wir alle wünschen uns Freiheit. Und damit meine ich die Freiheit des eigenen Selbst. Das bedeutet logischerweise, dass du immer besessener von dir selbst wirst und von dem, was dich von allen anderen unterscheidet. Doch es ist kein Wunder, dass wir so fasziniert von uns selbst geworden sind.

Aber warum auch nicht? Mal im Ernst, wir alle haben Träume und Ambitionen und Rechte und … Warte kurz, mein freiheitsliebender Freund. Ich möchte, dass du auch das große Ganze betrachtest.

Weißt du, wir sind schon ganz schön zur »Und was ist mit mir?«-Generation mutiert. Oder besser gesagt: Wir stehen in einer Reihe mit anderen Nabelschau-Generationen. Das ist ein Riesengeschäft – und gut laufende Geschäfte sind gut! Alles um dich herum dreht sich um dich, ist für dich, ist auf dich ausgerichtet, dient dir, fordert deine Aufmerksamkeit und nährt dein gieriges Bedürfnis nach Selbst.

Das Problem ist, je mehr sich um dich dreht, desto mehr sind *wir* am Arsch. Nein, wirklich. Das gilt nicht nur für deine intimsten Beziehungen, es gilt auch für deine Beziehungen zur Welt an sich.

Denke hier einen Moment an dich selbst (als ob du für so etwas eine Einladung brauchst). Wenn jemand etwas hat, das du nicht hast, fängst du dann sofort an, darüber nachzudenken: *Und was ist mit mir?* Wir sehen die Beziehung eines anderen und vergleichen direkt unseren Zustand der Glückseligkeit damit. Dann gibt es diese Momente, in denen wir den Ausdruck im Gesicht eines anderen sehen und seine Freiheit verletzt und beeinträchtigt unsere eigene. Wir schauen hinaus und schauen hinein, hinaus und hinein, vergleichen und kontrastieren immer und immer wieder, und stecken so in einer Falle von nicht genug/nie genug fest.

Ich werde hier ein Wort benutzen, das ich nicht gerne benutze.

Narzisst.

Warum benutze ich es nicht gerne? Weil die Leute dieses Wort benutzen, um andere zu etikettieren und abzuschreiben. Es erlaubt dem Benutzer schließlich, jemanden zu kategorisieren, einen Menschen in ein »Ding« mit bestimmten Eigenschaften zu verwandeln anstatt in ein lebendes, atmendes Wesen mit Wünschen und Bedürfnissen und einer eigenen Vergangenheit, die es zu überwinden gilt. Auf irgendeiner Ebene haben wir alle Schwierigkeiten, egal, wie es an unserer Oberfläche aussieht. Behalte das im Hinterkopf.

Der einzige Bereich, in dem wir das Wort problemlos benutzen können, ist bei uns selbst: um genau zu beobachten, um Bilanz zu ziehen und um etwas in Besitz zu nehmen, was uns antreibt – um unseren inneren Narzissten zu offenbaren.

Sei ehrlich, du bist von dir selbst fasziniert. Das ist überhaupt der Grund, warum du dieses Buch gekauft hast.

Natürlich kann man leicht argumentieren, dass nicht nur du so bist und dass das auch nichts Neues ist, sondern es heute nur offensichtlicher ist, da wir rund um die Uhr in einer Welt der sozialen Medien, von Reality-TV, Selfies und allem anderen Nabelschauzeugs leben. Aber lass dir die Idee mal durch den Kopf gehen, dass »die Welt« immer nur auf dich antwortet – ja, du bist tatsächlich so mächtig.

Lass uns hier ein wenig ins Thema eintauchen.

Die letzten paar hundert Jahre sind nichts anderes als eine einzige große, langwierige Revolution. Und ja, wir stecken immer noch mittendrin. Ich spreche nicht so sehr von den offensichtlichen und berühmten, physisch greifbaren Revolutionen, als die Menschen zu den Waffen griffen, die Straßen füllten, kämpften oder gegen einen Monarchen, eine Regierung, eine Lebensweise oder einfach gegen Ungerechtigkeit protestierten. Sicher, es gab viele dieser Revolutionen im Laufe der Geschichte und es wird sie höchstwahrscheinlich immer wieder in der einen oder anderen Version geben. Aber meiner Meinung nach sind sie alle einfach ein Abbild dessen, was wirklich stattgefunden hat. Das Entstehen der Vereinigten Staaten war ein Paradebeispiel für einen systemischen und kolossalen Wandel, der sich über die ganze Erde ausbreitete (und immer noch ausbreitet).

Aber was genau hat sich so dramatisch und kraftvoll verändert?

Unser Denken und logischerweise damit einhergehend unser Reden. Die Evolution der Menschheit ist eine dialogorientierte. Wir benutzen die Sprache, um neue Freiheiten zu schmieden, neue Ideen und Ausdrucksformen für unser Selbst zu erschaffen. Und diese Veränderung ist wie ein Tsunami auf die Zukunft zugerollt und hat einen neuen Weg für die kommenden Generationen frei gemacht.

In der Geschichte der Menschheit gab es immer Einzelne, die nach etwas Besserem strebten, um das Leben zu verbessern und neue Ebenen der Freiheit zu erreichen. Doch egal, wie gerecht oder richtig eine Sache ist, alle Lösungsansätze ziehen gewisse Konsequenzen nach sich. Sie führen zu Ergebnissen, die wir vielleicht nicht haben kommen sehen, die uns aber trotzdem irgendwann etwas kosten.

Natürlich wollen wir frei entscheiden, wen wir wählen oder zu welcher Gruppe wir gehören, welcher sozialen oder ökonomischen Klasse wir angehören, wo und in was für einem Zuhause wir leben.

Und all das ist auf deinem größten Wunsch aufgebaut. Deinem Wunsch, grundlegend zu wählen, wer du bist und wer du sein könntest. Dein eigener Ausdruck deines Selbst. Dein Selbstausdruck.

Na ja, natürlich ist all das heutzutage leichter, und ich behaupte jetzt sicher nicht, dass irgendetwas von Natur aus falsch daran ist, selbst bestimmen zu wollen, was du denkst oder wie du dich verhältst. Garantiert nicht.

Aber denk mal über folgende Idee nach: Dieses Streben nach Freiheit hat auch seinen Preis, und der ist erheblich. Es ist die

Art Preis, der meist versteckt ist und im Hintergrund weiter steigt. Und der Preis gilt nicht nur für dein eigenes Leben, sondern beeinflusst unser aller Leben.

Welcher Preis? Hast du nicht bemerkt, dass wir uns immer mehr isolieren, uns immer mehr nach innen ausrichten, immer ängstlicher, immer besorgter, immer angespannter werden? Hinzu kommt, dass wir dabei einen immer größeren und tieferen Graben zwischen den Menschen und der Welt um uns herum aufbauen.

Das ist der Preis, den wir für die Freiheit zahlen, wir selbst zu sein. Wir hängen bei uns selbst fest, sind ganz von uns selbst eingenommen. Uns belastet der Gedanke, was wir uns verdient haben, und unsere zutiefst unechten Wünsche treiben uns an.

Aber da du nicht perfekt bist (selbst nach der eingehenden Selbstuntersuchung), verwandelt sich dieses Szenario schnell in eine geistlose Faszination, bei der du endlos Fusseln aus deinem eigenen Bauchnabel herauspulst. Du wirst besessen von deinen Schwächen oder Fehlschlägen, von dem, was du zu vermissen oder zu brauchen glaubst. Du durchlebst diese peinlichen oder traumatisierenden Momente aus deiner Vergangenheit immer wieder, indem du ständig versuchst, sie hinter dir zu lassen, zu überwinden oder zu ignorieren. Wenn's juckt, dann kratz dich, verdammt noch mal – und mach was.

Extern wird so wenig reflektiert, es fehlt dadurch eine klare Sicht auf das, was in der Welt vor sich geht. Und dadurch wendet sich deine Aufmerksamkeit hauptsächlich nach innen, wo sie jede einzelne Sache aufstöbert, die dir nicht gefällt oder mit der du dich unwohl fühlst. Und dort wird alles gnadenlos in den Fokus genommen.

Statt also näher an die Fähigkeit heranzurücken, der zu sein, der du sein willst, wirst du tatsächlich besorgter und ängstlicher mit dem, was du nicht bist. Und so geht der Kreislauf weiter. Du fühlst Angst oder Resignation wegen deines Gewichts oder deines Aussehens, deiner Karriere oder der Finanzen, deiner Charakterfehler und Schwächen. Du sorgst dich, dass alle außer dir vorankommen. Du entwickelst Ängste, zurückgelassen zu werden.

Und all dieses Verinnerlichen hat uns weiter entfernt von dem, worin wir wirklich gut sind und mit dem wir gedeihen können: Verbindung.

Der Stamm

Von Natur aus sind wir stammesorientiert. Sogar deine stille Individualität und dein Wunsch nach Unabhängigkeit sind immer nur im Gegensatz zur Gruppe zu verstehen. Im Großen und Ganzen ziehen wir es vor, uns in Herden zu versammeln, sei es eine Familie, eine Freundesgruppe, ein Dorf, eine Stadt oder eine Großstadt. Und diese »Gruppe« sollte eigentlich heutzutage größer und verbundener sein als je zuvor, denn die Weltbevölkerung ist immens, das Reisen heute ein Klacks und die Fortschritte der Technologie sind längst in unserem täglichen Leben angekommen.

Dennoch fühlen wir uns völlig abgekoppelt. Tatsächlich nutzen wir viele Fortschritte, um uns hinter Onlinepersönlichkeiten zu verstecken, während wir passiv-aggressiv (und manchmal auch offen aggressiv) und anonym unsere Ärgernisse, Sorgen, Ängste und Unterschiede äußern. Das offensichtliche Trauma des Augenkontakts und der Konversation von Angesicht zu Angesicht wird von Tag zu Tag größer.

Wenn du vor fünfhundert Jahren gelebt hättest, wärst du Teil von etwas gewesen, das sich real und greifbar anfühlt, und deine Prominenz in irgendeiner Gruppe hätte mit dem zu tun gehabt, was du für die Gemeinschaft tun kannst. Du konntest dich nirgendwo verstecken. Egal, ob du die Näherin, der Jäger, der Medizinmann, der Bauer, der Schlosser, die Dienstmagd oder der örtliche Bäcker warst – du warst ein Teilnehmer, jemand, der da war, um eine bestimmte Rolle in der Gruppe zu spielen. Um erfolgreich zu sein, musstest du deinen Kopf verlassen und ins Leben einsteigen. Wo war dieses Leben? Damals wie heute waren dein Leben und deine Lebensqualität in Gesprächen und Beziehungen mit anderen verwoben.

Ganz einfach ausgedrückt hast du dich in dem Leben, das du mit anderen Menschen gewebt hast, wiedergefunden. Und das geschah einfach so, es war nichts, was du angestrebt hättest.

Vielleicht war dein Leben groß, vielleicht war es klein, aber du wusstest, was von dir gebraucht wurde, und du hast es bereitgestellt. Damit warst du wichtig für die Gruppe, ein entscheidender Baustein, dass alles funktionierte, selbst wenn es »nur« darum ging, Gräber zu graben, Schornsteine zu fegen oder Garn zu spinnen. Aber es ging nicht nur um eine Aufgabe, sondern darum, wer du mit dieser Aufgabe für die Gruppe *warst*. Lies das noch einmal. Und ja, das Leben damals war auch kein Ponyhof. Aber dazu komme ich später; jetzt geht's erst einmal hier weiter.

Heute verlangt niemand mehr von dir, dass du aufstehst und als jemand Bestimmtes im Leben auftauchst. Also horch in dich hinein, erforsche die Dunkelheit und die Schatten deiner eigenen kleinen Welt, und schau dir genau an, was du geworden bist: jemand, der krampfhaft versucht, sich in einen dicken Mantel von Positivität zu hüllen, nur im Innen lebend statt im Außen.

Jemand, der sich im Labyrinth seiner Gefühle und Schmerzen verloren hat.

In diesem Augenblick – durch die Linse der Konversation betrachtet – ergibt dein Leben total Sinn. Nicht die Dinge, mit denen du es zu tun hast, haben dich im Würgegriff, sondern das, was du über die Dinge sagst, mit denen du es zu tun hast, macht dich fertig – und wie ich schon in meinen anderen Büchern gesagt habe: Deine Emotionen und dein Gerede sind Tanzpartner. Topf und Deckel.

Deshalb bist du kein Geschöpf von Gefühlen und Gedanken. Du, mein kleiner sprachgewandter Freund, bist ein Geschöpf der Sprache, und in jedem Augenblick eines jeden Tages erschaffst du deine eigene Erfahrung des Lebendigseins – mit jedem Wort, jedem Satz und jeder Beschwerde. Und nicht nur deine eigene Erfahrung. Menschen sind mit Ohren ausgestattet, du erinnerst dich? Du hast Einfluss. Das ist richtig, *du*; aber du bist so blind dafür, so sehr von deinem Eigeninteresse und dem, was dir fehlt, betäubt, dass du die Macht, die du bereits hast, nicht sehen kannst.

Ich sage nicht, dass du ins mittelalterliche Leben zurückkehren sollst, damit du den Todesgriff, mit dem du an deinem Handy klebst, lockern kannst. Auch die Gesellschaft von damals war nicht frei von Fehlern. Die Menschen lebten in Armut und Erniedrigung. Sie waren systemischer Bigotterie, Misogynie, Rassismus, Unmenschlichkeit und Grausamkeit auf einem Niveau ausgesetzt, das im Vergleich zu den meisten modernen Gesellschaften heute schwer zu verstehen ist. Es ist jedoch nicht schwer zu verstehen, warum dieser Funke des Eigennutzes zu einem lodernden Flammenmeer wurde, wenn man sich diese Punkte ansieht.

Aber ich lade dich auch ein, darüber nachzudenken, dass wir beim Gewinnen von Freiheit etwas verlieren, das für unsere eigene Menschlichkeit von entscheidender Bedeutung ist.

Wir verlieren uns. Wir verlieren den Blick dafür, dass du in der Tat ein »wir« bist.

Wir verlieren die Idee der Gruppe, und nein, ich meine damit nicht das industriell abgespeckte, sterilisierte und für dich akzeptable Team von freundlichen Robotern, mit dem du dich hier umgibst. Ich meine uns ALLE, die ganze Gruppe. Und wir verlieren dabei, wer wir sind.

Na gut, und was stellen wir bereit? Als Gesellschaft sind wir besessen vom Konsum, davon, das zu bekommen, was wir brauchen – und das hört nicht bei materiellen Dingen auf. Wir wollen auch Freude, Liebe, Leistungen, Anerkennung, Bewunderung oder Verbindung. Ist dir zufällig schon einmal aufgefallen, dass wirklich jeder nach diesen Dingen sucht?

Schau dir zum Beispiel den Aufstieg der »Influencer« in den sozialen Medien an. Vielleicht blickst du zynisch in ihre Richtung und fragst dich arrogant, was groß mit diesen Leuten sein soll. Vielleicht folgst du aber auch ihren Worten, Ideen oder Ratschlägen, legst quasi eine Art Atempause in deinem Leben ein. Dieses Phänomen existiert nur deshalb, weil so viele Menschen auf der *Suche* nach Einfluss sind – und wenn ich »Menschen« sage, meine ich dich. Wir leben in einer Welt der emotionalen Vampire, und denk bei dem Begriff jetzt nicht an andere – dann hast du nämlich den eigentlichen Sinn meiner Aussage nicht mitgekriegt. Sieh es als Gelegenheit und kehr vor deiner eigenen Haustür.

Der revolutionäre Marsch im Namen von »Was ist mit mir?« verschlingt alles, was sich ihm in den Weg stellt, und nur wenigen fällt das überhaupt auf, da der glänzende Reiz der persönlichen Freiheit, des Selbstausdrucks oder des zukünftigen Erfolgs die Massen hypnotisiert hat.

Wo sind all die Mitwirkenden hin? Keiner steht mehr für irgendetwas.

Sicher, es gibt *ein paar* Mitwirkende, aber die Welt ist voller Unerfüllter, Zerbrochener, Verlorener und Wütender. Jeder sucht nach einer Antwort, aber nur wenige geben ihr Leben dafür hin, in diesem Leben eine Antwort zu *sein*.

Hier muss ich jetzt, wie immer, einen kleinen Einschub für meine eingefleischten Opfer anbringen. Denn es gibt sicher Leute, die das hier lesen werden und sagen: »Aber Gary, ich stelle die Belange anderer immer vor meine eigenen, und ich gehe dabei ein.«

Frag dich mal Folgendes: Vielleicht tust du etwas und nimmst an, anderen damit zu helfen. Gleichzeitig handelt es sich jedoch vielmehr um eine Strategie von dir, um etwas zu »bekommen«, und es ist nur deshalb so anstrengend, weil es dir nie ganz das bringt, wonach du wirklich suchst. Stimmt's? Wenn es dich nämlich nicht stärkt, dann ist das normalerweise ein gutes Zeichen dafür, dass du von irgendeinem verborgenen Wunsch oder Bedürfnis getrieben wirst, egal, was du dir sonst einredest. Ob es nun eine körperliche Belohnung ist, irgendein gutes Gefühl wie Bewunderung oder Stolz oder sogar ein Gefühl der Überlegenheit oder die Absolution von deiner Vergangenheit – du bist hinter etwas anderem her als dem, was an der Oberfläche zu sehen ist.

Mit anderen Worten: Es ist nicht authentisch, es ist nicht echt. Es ist das, was ich einen »strategischen« Beitrag nenne. Du bringst den Müll raus, aber nur, damit du bei deinem Partner »Punkte« sammeln kannst, die du irgendwann mal einlösen wirst. Strategie. Du arbeitest ehrenamtlich bei irgendeiner gemeinnützigen Organisation, aber nur, damit du dich selbst davon überzeugen kannst, dass du wirklich besser bist als deine Schuld oder Scham oder irgendwelche anderen deiner

dunkelsten Gedanken. Strategie. Du bist freundlich und mitfühlend zu den Menschen, aber du willst nur, dass sie nicht mit
dir streiten, also manipulierst du sie, um das zu erreichen. Strategie. Du hilfst deinem Kind bei den Hausaufgaben, weil du
willst, dass es erfolgreich ist – aber eigentlich möchtest du gut
bei anderen dastehen. Strategie.

All dies sind Versuche, etwas wiedergutzumachen, und unabhängig von deinem »Beitrag« wirst du das Gleiche feststellen: Es geht letztendlich immer um DICH. Auch wenn du es
hier nicht gleich erkennst oder anfänglich Schwierigkeiten hast,
damit zurechtzukommen.

»Aber ist es nicht trotzdem gut, einige dieser Dinge zu tun,
auch wenn sie strategisch sind?!«

Na ja, es ist generell eine gute Sache, in dieser Welt etwas
Gutes zu tun, jedes bisschen hilft. Aber hier geht es darum,
dass du endlich ein Leben lebst, das scheißweise ist, und zwar
die Art von Leben, die dich erfüllt. Wenn du deine Strategien
jedoch immer wieder auf deine guten Taten abstellst, bekommst du nie, was du willst.

Das ist nicht nur unecht und belastend, sondern auch hinter-
hältig! Du spielst Spielchen mit Leuten, die nichts davon wissen
(obwohl sie sicher so ihre Vermutungen haben, wie du ja auch);
du wanderst durch die Gegend und tust das eine, während du
etwas ganz anderes meinst; und du reagierst verärgert, wenn
die Menschen in deinem Leben nicht auf deine versteckten
Strategien reagieren. Dann setzt der Groll ein …

Es gibt immer Dinge, die du aufgeben musst, eine Haut, die du abstreifen musst, wenn du dein Leben neu erschaffst – und das strategische Vorgehen hier gehört sicher dazu. Lass deine oberflächlichen Strategien der Manipulation ziehen (ja, genau das ist es: Manipulation) und such auch nach den eher unterirdischen Formen, nach einer Art von interner Programmierung, die du dir eingebrockt hast und die dein Leben nur noch komplizierter macht.

Beschäftige dich mit deinen Ängsten, deinen Sorgen und Hoffnungen; lebe dein Leben hier draußen in der Öffentlichkeit. Du wirst nicht immer das bekommen, was du willst, aber dein Geist wird klar und dein Gepäck leicht sein, während du dich auf das vorbereitest, was als Nächstes kommt und was als Nächstes kommt und was als Nächstes kommt.

Der Weg zur Freiheit ist anfangs beängstigend (wenn du dich zuerst dem stellst, was du jetzt tun musst), dann holprig und chaotisch (wenn du beginnst zu handeln) – und schließlich leicht und anmutig, wenn du beginnst, das Leben in einer neuen Klarheit der Authentizität und Kraft anzunehmen.

Wir sind auf ein Leben aus, das eine Bedeutung hat. Ein Leben voll Sinn. Ein Leben, das einfach scheißweise ist.

12

Faktor X

Wach auf und schau dir an, was wichtig ist, was in diesem Leben wirklich zählt. Lass deine Ängste und Misserfolge hinter dir, hör auf, davon besessen zu sein, Erfolg zu erlangen oder Schmerzen zu vermeiden, und zeige dich endlich als die Art Mensch, der du schon immer sein wolltest. Nicht nur um einen Unterschied zu machen, sondern um dieser Unterschied zu sein, damit alle Menschen etwas davon haben.

Die Menschen sind von Natur aus so programmiert, dass sie Verbindungen eingehen und wichtig füreinander sind, und ja, das schließt auch dich mit ein.

In unserer Gesellschaft hasten die meisten von uns auf Reichtum oder Anerkennung oder Bewunderung zu. Wenn du dir aber einen Moment Zeit nimmst und dich umschaust, was die Menschen tun, nachdem sich diese Art Träume erfüllt haben, verstehst du erst, was uns als Menschen wirklich antreibt. Was uns tatsächlich erfüllt und nährt und verbindet.

Sieh dir an, was die Menschen tun, wenn sie endlich ihren Herzenswunsch erreicht haben, wenn sie schließlich am Ende ihres persönlichen Regenbogens angelangt sind. Wenn es seine Bedeutung verliert, Geld und Auszeichnungen anzuhäufen, wenden sich Menschen wieder ihrem authentischen Selbstbild zu. Leute wie Steve Jobs, Bill Gates oder früher John D. Rockefeller kehrten zurück zu ihrer Menschlichkeit und ihrem tief sitzenden Bedürfnis, wirklich etwas beizutragen. Sie wollten mit ihrem Leben einen Unterschied für andere machen, und sie verfolgten keine andere Absicht, als diesen Unterschied zu machen. Dieser selbstlose Beitrag sorgt erst für ein scheißweises Leben. Das ist das Geheimnis. Nicht mehr und nicht weniger.

Aber welchen Unterschied machst du?

Keinen.

Sei nicht beleidigt; interessiere dich für deine Umwelt, löse deine Augen für eine Minute von der Fata Morgana des Überlebens und des »Ich muss es schaffen«, schiebe deine Resignation, Gründe und Ausreden beiseite und spring mit mir hinein ins kalte Wasser.

Denn die etwas kalte Wahrheit sieht so aus: Du hast keinen bewussten Einfluss auf das Leben selbst. Du leistest keinen Beitrag. Du hast dich so in dein eigenes kleines Stückchen Dasein eingeigelt, dass dir der Sinn des Lebens entgeht.

Wie jeder andere auch, knechtest du dich selbst, stehst in permanentem Dienst deiner eigenen Nachsicht und deines selbst geschaffenen Rattenvolks. Du bist dem Auf und Ab vorhersehbarer Emotionen und Gefühle ausgesetzt und hast dabei dein Gespür für deine Macht verloren, zu etwas viel Größerem aufzusteigen. Warum? Na ja, es geht nicht um Egoismus, auch wenn er so produziert wird.

Du hast dich voll und ganz auf die Vorstellung eingelassen, dass es einen Ort gibt, an den du gelangen musst, eine Zukunft, in der sich dieser ganze Scheiß für dich in Wohlgefallen auflöst, und dass du dich nur dorthin beißen, treten und schreien musst. Im Grunde siehst du dich selbst als Betrüger, und deshalb glaubst du tief drinnen nicht, dass du einen Unterschied machen kannst. Du bist zu klein, zu machtlos, nicht geschickt genug, nicht klug genug, hast nicht den Ruf oder das Charisma oder was auch immer, um in deinem Leben eine Naturgewalt zu sein. Schließlich bist du nur einer von fast acht Milliarden Menschen, stimmt's? Ein Gesicht in der Masse, ein zarter Punkt in einem riesigen Universum aus endlosen Punkten. Also hast du dich damit abgefunden, dieses winzige, unbedeutende und sinnlose Spiel zu spielen.

Das Spiel von dir.

Und dann wunderst du dich, warum du nie ganz glücklich oder zufrieden oder erfüllt bist.

Es sieht deshalb folgerichtig so aus, als könntest du keinen Unterschied machen, und wenn du das Leben nicht erschaffen und beeinflussen kannst, dann musst du – wie alle anderen auch – erkennen, dass du keinerlei Macht hast und im Großen wie im Kleinen einfach keine Rolle spielst. Genau: Du denkst, du bist nicht wichtig.

Lass das für einen Moment sacken.

Nimm dir so viel Zeit, wie du willst.

Das ist es. Das hier ist die kurze, die verkürzte Antwort darauf, warum du so lebst, wie du lebst.

Folge den Spuren, und dann wird es das hier sein, was du finden wirst. Unabhängig davon, was du sagen oder auch nur denken magst, du *lebst*, als ob du nicht wichtig bist. Irgendwo, unter den Schichten von Emotionen, Erinnerungen und automatischen Reaktionen, fühlen wir, dass wir nicht gut genug sind. Dass wir keinen Unterschied machen und wir letztlich nicht über die Grenzen unseres eigenen Lebens hinaus gebraucht werden. Warum sich also die Mühe machen, wenn sowieso niemand dich bemerkt oder dich wirklich zu schätzen weiß?

Schlimmer noch: Vielleicht lachen sie dich ja sogar aus und verspotten deine Versuche, einen Unterschied zu machen. Du definierst dich mal wieder über die Reaktionen anderer, nicht wahr?

Du begegnest dem Leben aus einer tief verankerten Vorstellung heraus, dass du »unwichtig« bist. »Ich bin unwichtig« ist ein völlig verräterischer Akt, ein tiefgreifender und verletzender Selbstverrat – begangen von dir. Und dein ganzes Streben besteht in dem Versuch, zu beweisen, dass du es irgendwie tust oder eines Tages tun wirst.

Du, meine bemerkenswerte Naturgewalt, bist klein, unbedeutend und unscheinbar geworden, du bist abgestumpft, da du dich sicher fühlen willst, verhätschelt … und klein. Die Welt hat dir das nicht angetan, es war nicht deine Mutter und es waren auch nicht deine Probleme, es war auch weder deine Ex noch deine Geschichte – *du* warst es, und du bist dabei systematisch und gezielt vorgegangen. Du hast dich selbst abgeschrieben.

Vielleicht hast du beim Lesen der letzten Seiten schon deine Logik aufgefahren. Du hast deine Verteidigung auf den Kämpfen aufgebaut, die du beim Bezahlen deiner Rechnungen, beim Abnehmen, beim Job, im Geschäft oder beim Studium führst. Sicher brauchst du nur eine Infusion Selbstvertrauen oder musst deine Vergangenheit loslassen oder dieses oder jenes Trauma überwinden. Vielleicht weißt du bereits, dass du keine Stimme außerhalb deines unmittelbaren Umfeldes hast oder dass es dir an Fachwissen oder Know-how fehlt. Ich weiß, ich weiß, du bist auch kein Milliardär, dir stehen diese Ressourcen nicht zur Verfügung. Hab ich recht?

Und es kann natürlich auch nicht jeder Bill Gates sein. Du brauchst mich also nur dafür, um deinem alten Selbst ein bisschen auf die Sprünge zu helfen, damit du deinen Scheiß auf die Reihe kriegst. Und *dann*, ja dann wirst du für andere einen Unterschied machen. STOPP! Aber so was von STOPP!

Das ist das, was jeder sowieso schon tut. Gib's mir, gib's mir, gib's mir!

Du merkst schon auch, dass das die Logik eines Vampirs ist?

»Aber ich leiste doch meinen Beitrag!«

Die Illusion besteht darin, dass du, wie alle anderen auch, denkst, du trägst etwas bei, indem du deine Zeit, dein Geld oder dein Können gibst. »Oh ja, natürlich gebe ich gerne etwas zurück«, denkst du, während du eine Spende über fünfzig Euro ausstellst, um die Hundewelpen zu retten, oder deine zwei Stunden pro Jahr bei der örtlichen Tafel aushilfst.

Nun. Mit diesen Aktionen *bist* du kein Beitrag zum Leben, sondern du *machst* einen Beitrag. Und die Art von Spende gehört nicht zum scheißweisen Leben. Einen Beitrag zu leisten, ist auch in Ordnung – es hilft ein klein wenig, manchmal auch viel –, aber es kommt niemals dem gleich und erreicht niemals die lebensbejahende, Ehrfurcht gebietende Größe, wie wenn man sein Leben dafür gibt, ein Beitrag zu *sein*.

Ich predige das ganz sicher nicht von einem Podest herab. Mir geht es auch nicht darum, jemandem Schuldgefühle oder Minderwertigkeitskomplexe oder was auch immer einzureden. Es ist zu einfach, diese Karte auszuspielen, sobald Menschen mit dem konfrontiert werden, was ihnen nicht gefällt oder womit sie nicht klarkommen. Du liest dieses Buch doch, damit du einen Zugang zu einem großartigen Leben bekommst, richtig? Gut. Dann spreche ich mit der richtigen Person. Genau darum geht es hier; genau das braucht es, um ein erfülltes und glückliches Leben zu leben, und dem kannst du nicht entkommen.

Kein noch so hoher Geldbetrag und kein Lob (egal, wie sehr du es versuchst) werden jemals den Reichtum ersetzen, den jemand besitzt, der Einfluss hat und beeinflusst, jemand, der mit seinem Leben vorlebt, was möglich ist. Es ist nicht nur der Einfluss, sondern vielmehr das »Sein«, das beeinflusst. Perfekt muss dafür keiner sein. Vielmehr geht es darum, an diesem Spiel des Beitragens teilzunehmen. Du wirst scheitern und gewinnen, du wirst dich im Spinnennetz deines eigenen Überlebens verfangen und dann zu etwas Größerem erwachen, und du wirst dies immer und immer wieder tun, immer und immer wieder, Tag für Tag.

Musst du dafür andere Ziele aufgeben, etwa diesen Bugatti zu kaufen, dieses Geschäft zu eröffnen, dieses Buch zu lesen oder diese Beziehung zu führen? NEIN! Du kannst all diese angestrebten Dinge immer noch haben und tun, aber wenn du dein Leben um das, was wichtig ist, herum organisierst, wirst du ein Leben haben, das wichtig ist, eines, das deinen Kelch füllt und anerkennt, wer du bist.

Ein Leben, das größer ist als du selbst

Das brauchst du also für ein scheißweises Leben – vergeude keine Zeit mehr auf deine niedrigsten Bedürfnisse, Wünsche oder Sehnsüchte, lass deine Ängste und Misserfolge hinter dir, hör auf, davon besessen zu sein, Erfolg zu erlangen oder Schmerzen zu vermeiden, geh raus in die Welt und zeige dich endlich als die Art Mensch, der du schon immer sein wolltest. Bring dich voll und ganz in jedes Gespräch und in jede Interaktion mit der Idee ein, dass du da nicht nur bist, um einen Unterschied zu machen, sondern um dieser Unterschied zu *sein*, damit alle Menschen etwas davon haben.

Was genau ist also die Alternative zu diesem gewöhnlichen, eigennützigen, stumpfsinnigen Blödsinn, den du zu deinem Leben gemacht hast?

Wie wäre es, wenn du ein Spieler wirst? Jemand, der sich selbst darum kümmert, wie das Leben läuft – und nein, damit meine ich nicht nur dein eigenes. Jemand, der sich um seine Umwelt kümmert und darauf aus ist, sie zu beeinflussen. Ein Influencer.

Aber Gary, hast du nicht gerade eben noch behauptet, dass Influencer normalerweise richtig scheiße sind? Tja. Um ein wahrer Influencer im realen Leben zu werden, jemand, der also Leben ins Leben bringt, musst du dich verdammt noch mal umstellen!

Dafür brauchst du weder mehr Geld noch mehr Wissen, weder mehr Erfahrung noch mehr Zeit. Du musst auch nicht dauernd Lebensratschläge à la Oprah Winfrey raushauen oder einen schillernden Instagram-Account mit einer Million Follower führen oder Memes in Pixar-Qualität in deinem Facebook-Feed posten und das Ganze noch mit einem Doktortitel in Philosophie untermauern.

Sieh dich um. Anstatt dich zu beschweren oder über andere in deinem Leben zu tratschen, schau dir an, wie es ihnen geht. Deiner Partnerin, deiner Familie, deinen Freunden, Arbeitskollegen, deiner Ex oder deinem alten Schulfreund, deinen Nachbarn, dem Barista in deinem Lieblingscafé, der dir jeden Tag Kaffee macht, dem Taxifahrer oder dem Typen vom Kundendienst, der antwortet, wenn du wegen deiner abgefuckten Kreditkartenrechnung anrufst.

Wer bist *du* für diese Leute? Bist du jemand, der ihre Resignation oder ihren Zynismus in diesem alltäglichen, blöden Hamsterrad bestätigt, oder bist du darauf aus, in ihrer Welt etwas zu verändern? Was ist dein Beitrag? Wie machst du dich?

Was bringst du in diesem Leben auf den Tisch?

Wenn dir darauf als Antwort zuallererst irgendeine Ausrede, Erklärung oder Rechtfertigung einfällt, dann bist du das Musterbeispiel für das, wovon ich spreche! Das Geheimnis eines Lebens voller Erfüllung, Vollendung und Glück besteht darin, dein Leben entsprechend zu gestalten, *wer du für andere bist*. Und nicht darin, dich in den sinnlosen Versuch zu stürzen, das schwarze Loch zu füllen, das derzeit in deiner Magengrube, deiner Seele, deines Chakras oder wo auch immer sitzt, und dann eine kleine Gruppe zu finden, in der du dich bei einem oder zwei (oder zehn) Gläsern Wein über deine Kämpfe beschweren kannst und beim Abschied alle zwar ein bisschen glücklicher (oder zumindest beschwipster) sind, aber niemand sich wirklich verändert hat.

Ich bin mir der Überfülle von Posts, Memes und Videos in sozialen Netzwerken bewusst, die uns alle sagen: »Sei freundlich!« Oder: »Hab Mitgefühl!« Dabei glauben wir doch sowieso meist, dass wir freundlich oder mitfühlend oder akzeptierend oder liebevoll usw. sind. Doch das ist deine Chance, dir selbst die Wahrheit zu sagen. Wie oft gehst du mit »Güte« oder »Verständnis« im Kopf in den Tag? Wie oft bringst du absichtlich ein bewusstes und zielstrebiges Selbst in dein Leben ein? Und selbst wenn du das tust: Denke an all die Zeiten, in denen du dich nur allzu leicht davon losgesagt hast, und zwar wegen dem, was jemand anderes getan oder nicht getan hat, oder wegen irgendeinem zufälligen Ereignis, das deinen Weg gekreuzt und dein Feuer gelöscht hat.

Wie auch immer deine Antwort darauf lautet, die gute Nachricht ist, dass du es jetzt und hier angehen kannst. Such dir drei ehrliche und bewusste Handlungen heraus, um freundlich zu sein. Oder liebevoll. Oder geduldig. Oder verständnisvoll.

Oder verletzlich. Wähle etwas und lebe ein überlegtes Leben. Greif ein. Trag etwas bei. Wähle dann wieder etwas und lass dich darauf ein.

Es kann ganz schön anstrengend sein, jemand zu sein. Niemand sieht dich als einzigartig oder außergewöhnlich an, wenn du als dein bereits festgelegtes Standardselbst vorbeischwebst und versuchst, clevere Ideen oder Strategien für deinen eigenen Erfolg auszupacken, während du gelegentlich einen nostalgischen Blick zurückwirfst und dich so mit deiner stark bearbeiteten, leicht zu schluckenden Vergangenheit selbst täuschst.

Von manchen gemocht zu werden, ist einfach. Sicher, wenn du mit einem Bündel Hunderteuroscheine in deinen mit piratentypischen Klunkern beringten Fingern vor der Nase herumwedelst oder deinen Arsch in diese Spandex-Yogahosen von der Stange quetschst, bringt dir das sicher ein paar Likes auf Instagram, aber es bringt dir keine Erfüllung, keinen Seelenfrieden oder die Magie, dein größtes Ich zu sein.

Ich kann die Ausreden schon hören. Du hast wirklich Probleme! Hör mal gut zu: Die hat jeder! Das nennt man lebendig sein. Du wirst immer das eine oder andere Problem haben – oder schlappe fünfzig. Wenn du dein Leben daran misst, wie gut du deine Probleme loswirst, wirst du nie glücklich sein, weil längst das nächste Problem auf seinen Auftritt wartet.

Du kannst Probleme haben *und* glücklich sein; es ist kein Entweder-oder.

Ein außergewöhnliches, pulsierendes und fesselndes Leben steht für dich bereit, aber dafür musst du mit dem Wahnsinn aufhören, danach zu suchen. Du *bist* dieses Leben, Sherlock! Es liegt nur daran, wie du bist und dich verhältst, und du brauchst nichts Außergewöhnliches, um den Scheiß zu verändern.

Du musst nur die Augen öffnen und sehen, was wichtig ist und was in diesem Leben wirklich zählt. DU bist wichtig, DU machst einen Unterschied, DU hast bereits die Fähigkeit, das Leben durch deine Sprache und dein Sein zu beeinflussen und zu erschaffen. Und bis das zu einer bewussten, klar gewählten Lebensweise geworden ist, stellst du den Rest der Drohnen auf Autopilot um.

Du bist keine Person, du bist ein Phänomen, und um dieses Phänomen zu entfesseln, musst du nur dem Zynismus die Stirn bieten, in Gegenwart von Angst abenteuerlustig zu sein, im Angesicht von Wut und Groll versöhnlich oder liebevoll zu sein, und dann, wenn du mit jeder Faser deines Körpers verteidigend auf die Barrikaden steigen willst, mitfühlend zu sein.

»Aber Gary, wie soll ich das nur machen?«

Du springst einfach, und zwar so wie jemand, der sich dem Abenteuer, der Akzeptanz, der Liebe oder was auch immer verpflichtet hat. Wenn du dich zum Beispiel der Liebe verpflichtet hast, was könntest du dann tun? Welches Handeln entspricht dieser Verpflichtung? Was musst du sagen, und wem gegenüber?

Tu es! Jetzt sofort!

Was, wenn du nicht die Antwort bekommst, nach der du gesucht hast? Na und?! Sei das Phänomen, das du bist, und mach dich von den Ergebnissen unabhängig. Dann bist du wirklich eine atmende, blühende, unerbittliche Kraft der Natur.

Wenn du dieses Buch benutzt, um dein Leben zu beeinflussen, wird es von dir verlangen, eine veränderte Sichtweise einzunehmen, offen zu sein für die Idee, wirklich einzigartig zu sein, den richtigen Weg zu gehen, anstatt den einfachen oder typischen Weg zu nehmen, und dem, woran du glaubst, treu zu sein, anstatt dich zu verbiegen oder zu zerbrechen, um gemocht oder akzeptiert zu werden. Es wird von dir verlangen, du selbst zu sein.

Du verschreibst dich einem Leben, das größer ist als dein vorheriges. Du wirst zur Quelle des Lebens selbst und bleibst nicht länger nur ein langweiliger und fader Kommentator, Beobachter und/oder sich selbst herausredendes Opfer, das sein Leben aus sechstausend Metern Höhe betrachtet und sich darüber beschwert, was es von dort aus sieht.

It's Showtime

Es gibt einen einfachen Grund, warum es mir gelinde gesagt scheißegal ist, was andere von mir denken. Ich bin garantiert kein Roboter ohne Gefühle oder Ängste oder Schwachpunkte – mich trägt etwas ganz anderes. Ich bin in das Spiel vertieft; ich bin nicht nur ein fader Zuschauer. Ich packe mich selbst, meine Gedanken, meine Ideen und meine Leidenschaft in dieses Spiel. Ich bin den Zuschauern nicht böse, ich rechne mit ihnen.

Sie haben letztlich keinen Einfluss auf mich, denn wenn sie den hätten, ginge es um mich. Mein Leben dreht sich aber nicht um mich, es geht um dich und darum, wie ich dem Leben dienen kann. DAS ist das Spiel!

Ich lebe mein Leben im Dienst an anderen. Ich bin weder edel noch großzügig oder erleuchtet, verdammt noch mal, ich bin einfach einem großartigen Leben verpflichtet. Und das ist der einzige, todsichere Weg, den ich kenne, um ein großartiges Leben zu haben.

»Das ist ja alles schön und gut für jemanden wie dich, Gary, aber mein Leben sieht ganz anders aus. Hier gibt es lauter Schwachmaten und Rechtsverdreher und Leute, die nur ihre eigenen Interessen verfolgen …«

Das weiß ich doch. Haben andere versucht, mich und die Art, wie ich mein Leben lebe, auszunutzen? Na, das hoffe ich doch! Ich möchte in der Welt präsent sein und mich nicht im Schrank verstecken! Allerdings kann ich die Male, die ich in diesem Leben beschissen wurde, an einer Hand abzählen. Warum? Ich vergeude meine Aufmerksamkeit und Energie nicht an diesen Schrott. Vielleicht gab es etliche Gelegenheiten – wer weiß? Mein ganzes Streben, mein ganzer Fokus liegen auf dem, was möglich ist. Immer, jedes Mal. Mich fasziniert viel mehr, was kommt, als das, was war – und das solltest du auch so handhaben.

Ich bin bewusst im Jetzt und Hier, ich bin verantwortungs-bewusst, aber vor allem bin ich voll dabei, ohne angezogene Bremse.

Wenn du an diesem Spiel teilnimmst und alles, was um dich herum vorgeht, beeinflussen willst, dann hast du meinen vollen Respekt. Was alle diejenigen betrifft, die darüber frömmelnd und besserwisserisch urteilen? Da passe ich. Und gehe einfach weiter. Denn für den Scheiß habe ich keine Zeit.

Warum solltest du dem Spiel beitreten? WEIL DU ES VER-DAMMT NOCH MAL KANNST! Es kann für dich jetzt und jetzt und jetzt und jetzt sofort losgehen.

Du kannst hier und jetzt der Mensch sein, der andere Menschen nur durch das Betreten des Raumes verändert anstatt durch deinen Ruf oder deinen Stil, durch Blenden oder perlweiße Zähne. Tauche als jemand auf, der es wert ist, dass man ihm nacheifert. Sei nicht prahlerisch oder arrogant oder auffällig, sondern überzeuge mit deiner Art, in der andere Ruhe finden oder ein Vorbild sehen.

Sei die verdammte Veränderung, die du sehen möchtest, verdammt noch mal! Wenn Liebe fehlt? Sei Liebe. Wenn Bindung fehlt? Sei Bindung. Wenn es Verständnis, Freundschaft oder Akzeptanz braucht, dann sei da, und zwar ohne eine Gegenleistung zu erwarten. Keine Verurteilungen, keine Ausreden, keine Schuldzuweisungen; sei da.

Je weniger du dein Leben auf dich ausrichtest, umso besser wird es dir ergehen. Ich weiß, dass das kontraintuitiv klingt. Ich weiß, dass manche sich so fest an die Idee des Überlebens klammern, dass sie Angst davor haben loszulassen, aber das ist der Kern der Sache. Sei größer als deine Bedenken, größer als deine Sorgen oder Ängste. Und das gelingt dir, indem du anfängst, deine Aufmerksamkeit auf deinen Einfluss zu lenken. Auf deinen *absoluten* Einfluss.

Um einen Beitrag darzustellen, braucht es keine Fertigkeiten, keine Ressourcen, keinen aufgemotzten, hochgeschaukelten emotionalen Zustand, damit du aufs Spielfeld kannst. Es geht vielmehr darum, dass du endlich deine Macht, dein angeborenes Talent für das bewusste Steuern deines Lebens realisierst.

Jemand, der viel klüger ist als ich, hat mir einmal gesagt: »Ich kann nicht für dich aufs Klo gehen«, und diese Aussage gilt auch für dich.

Ich kann dich nicht dazu zwingen; ich kann dich nicht von deiner Sucht nach dir selbst, deinen Problemen und deiner Faszination befreien, dein Leben wegzuträumen und diese kostbaren Momente deiner Existenz in Selbstmitleid und auf der sinnlosen Suche nach etwas zu verschwenden, das du bereits bist.

Die Uhr tickt. Du hast heute weniger Zeit als gestern, und morgen sieht wieder so aus wie gestern.

Tick tack, verdammt noch mal.

Schließ dich mir an, komm hier runter, ins Spiel, mach einen Unterschied, spiel mal schnell, mal hart, und gib alles, was du hast. Dann steh morgen auf und mach das Ganze noch mal. Dann noch mal. Und dann noch mal. Und du kannst das alles tun, während du dir Ziele setzt, ein Imperium aufbaust, dich in Form bringst, deine Finanzen in Ordnung bringst, dein Unternehmen aufbaust; es spielt wirklich keine Rolle, denn wer du bist, schreit deine Leidenschaft fürs Leben heraus.

Warte nicht ab, bis sich dein Scheiß klärt, bevor du in die Welt hinaustrittst; du kannst beides tun, und zwar auf eine Weise, die dich belebt und dir Energie gibt.

Die Geschichte erinnert sich nur an die Spieler, nicht daran, wer die besten Plätze hatte, und obwohl viele das eigentlich schon wissen, sitzen sie der Idee auf, *irgendwann einmal* ein Spieler zu werden, anstatt die Gelegenheit zu ergreifen, jetzt gleich ins Spiel einzusteigen.

Dies ist deine Chance – jetzt, heute, hier, es gibt kein Später. Sei ein Spieler.

Über den Autor

Gary John Bishop wurde in Glasgow, Schottland, geboren. 1997 zog er in die Vereinigten Staaten. Dort öffnete sich ihm der Weg in die Welt der Persönlichkeitsentwicklung, und er entdeckte seine Liebe zur Ontologie und Phänomenologie. Nach langjähriger Ausbildung in diesem Bereich stieg er zum Senior-Programmdirektor bei einem der weltweit führenden Unternehmen für Persönlichkeitsentwicklung auf. Jahrelang moderierte er Programme für Tausende von Menschen auf der ganzen Welt und studierte später die Philosophien von Martin Heidegger, Hans-Georg Gadamer und Edmund Husserl, die ihn inspiriert und beeinflusst haben. Heute entwickelt Gary seine ganz eigene »urbane Philosophie«. Sein lebenslanges Engagement, anderen Menschen die Fähigkeit an die Hand zu geben, echte Veränderung in ihrem Leben zu erreichen, treibt ihn jeden Tag aufs Neue an. Sein schnörkelloser, gradliniger Ansatz bringt ihm eine immer größer werdende Anhängerschaft, die sich von der Einfachheit und der realen Umsetzbarkeit seiner Arbeit angezogen fühlt.